华夏文库·道教与民间宗教书系

盛衰之际：明清道教

李政阳 著

中州古籍出版社
·郑州·

图书在版编目(CIP)数据

盛衰之际：明清道教 / 李政阳著. —郑州：中州古籍出版社，2020.6（2022.12重印）

（华夏文库·道教与民间宗教书系）

ISBN 978-7-5348-9200-4

Ⅰ.①盛… Ⅱ.①李… Ⅲ.①道教史-研究-中国-明清时代 Ⅳ.① B959.2

中国版本图书馆 CIP 数据核字（2020）第 094575 号

SHENGSHUAI ZHIJI：MINGQING DAOJIAO

盛衰之际：明清道教

总 策 划	耿相新　郭孟良
项目协调	单占生
项目执行	萧　红
责任编辑	石　丹
责任校对	苏晓园
封面设计	新海岸设计中心
版式设计	曾晶晶
美术编辑	曾晶晶

出 版 社	中州古籍出版社（地址：郑州市郑东新区祥盛街27号6层 邮编：450016　电话：0371-65723280）
发行单位	河南省新华书店发行集团有限公司
承印单位	河南新华印刷集团有限公司
开　　本	640 mm×960 mm　1/16
印　　张	11.25
字　　数	143千字
版　　次	2020年6月第1版
印　　次	2022年12月第2次印刷
定　　价	36.00元

本书如有印装质量问题，请联系出版社调换。

《华夏文库》发凡

毫无疑问，每一个时代都有属于自己的精神追求、文化叩问与出版理想。我们不禁要问，在 21 世纪初叶，在全球文明交融的今天，在信息文明的发轫初期，作为一个中国出版人，我们正在或者将要追求什么？我们能够成就或奉献什么？我们以何种方式参与全球化时代的文化传播进程？在一连串的追问下，于是，有了这套《华夏文库》的出版。

自信才能交融。世界各大文明在坚守自身文化个性的同时，不约而同地加快了探视其他文化精神内涵的步伐，世界不同文明正在朝着了解、交流、碰撞、借鉴与融合的方向前进。在此背景下，建立自身的文化自信，正是与世界各文明民族进行文化交流的基本要求。五千年中华文明与文化正在不断地被其他文明所发现、所挖掘、所认知，汉语言正在成长为世界语言，儒文化正在世界各地生根发芽。

借助这样一种正在成长着的文化自信、自觉、开放、亲和之力，用我们这个时代的学术眼光全面系统梳理中华五千年的文明与文化，向其他各大文明与文化圈正面展示自我，让中华优秀文化成为世界文化的重要组成部分，正是我们出版这套文库的目的之一。此其一。

知己才能知彼。身处五千年文化浸润的今天，重新思考我们先人的人生思考、价值思考与哲学思考，找到一个民族、一个国家的价值所在、立命所在、安身所在，这已经是我们这个时代的学人与出版人不得不再思考的问题。作为传承中华文明的一分子，我们在思考的同时，还必须了解我们的先人创造了如何优秀的精神文明与物质文明以及社会文明。只有熟知自己的文化，热爱自己的文化，悟明自己的文化，我们才能宣说自己、弘扬自己、光大自己。因此，我们策划组织这套《华夏文库》的初衷，还在于让当下的知识青年全面系统瞭望中华文明与文化的全景，并借此能够为更为深广的世界各民族文化提供一个比较认知的基础。此其二。

顺势才能有为。我们正处在农耕文明、工业文明、信息文明的交汇处，信息文明带领我们从读纸时代进入读屏时代，以智能手机屏幕为代表的书籍呈现方式正在与纸质书籍争夺阅读时间与空间。我们正在领悟数字技术，正在从信息文明的视角，去整理、分析和研究农耕文明与工业文明的文化遗产，不仅仅是为了唤醒优秀的传统文化，我们还在生发和原创着当今时代的文化。由此，我们试图架起一座桥梁——由纸质呈现而数字呈现，由数字呈现而纸质呈现，以多媒介的书籍呈现方式，将文字、图像、声音与视频四者结合，共同筑成《华夏文库》以奉献给信息文明时代的新读者。此其三。

总之，这是一套——专家大家名家写小书；以最小的阅读单元，原创撰写中华精神文明、物质文明与社会文明系列主题与专题；以图文、音视频多媒介呈现的方式，全面介绍与传播中华文明与优秀文化，系统普及与推介中华文明与文化知识；主旨是为了让世界与中国共同了解中国的——大型丛书。借此，复兴文化，唤起精神，融入世界。

耿相新

2013 年 6 月 27 日

《道教与民间宗教书系》序言

2015年6月，《道教与民间宗教书系》编撰工作正式启动。本书系计划出版50余种图书，作者主要来自中国社会科学院和道教协会，并有清华、北大、南大等其他高校相关学者共同参与。这也将是第一套规模最大、最全面，系统介绍道教和民间宗教的图书。

当时，澎湃新闻记者就该书系的相关细节和道教在中国传统文化中的地位等问题专访了书系顾问、曾任中国社会科学院道教研究室主任的王卡教授[1]。

以下为访谈内容。代为序[2]。

澎湃新闻：此次计划出版的《道教与民间宗教书系》涉及50多种图书，那么确定这些书目的原则是什么？有没有分大类或者大的主题？

王卡：这53种书并没有什么具体的大类或者大主题。我们知道过去对儒家文化的宣传比较多，所以这次我们希望通过这些书来普及道教知识。这个书系涉及的方面比较广，目前已增补到54种，又加了道教影响中国少数民族信仰一类的书。

---

[1] 王卡教授于2017年7月去世。
[2] 序言有所删节。

澎湃新闻：您预计哪些书会受到广泛关注？有没有哪些选题是以前没有涉及的？

王卡：过去对道教的研究不太均衡，历史、经典类涉及得比较多，而对道教在中国社会中实际存在的状态，比如说仪式活动，就介绍得较少。而且对于道教史的某些具体时段，比如说明清、近代道教状况的研究，也比较欠缺。我们希望在这方面做些弥补。至于你问我哪些书会受到更多关注，这不太好估计。道教从历史上说，除了参与一部分中国传统的政治和礼教活动外，主要还是以祈福救灾等方术来吸引一般民众。有些方术虽然在近代被视为"封建迷信"而抛弃，但是在民众中仍然有一定的影响力；还有民间的祭祀仪式活动，自近代以来有所衰落，失去记忆，或许更能引人关注吧！

在我看来，中国历史上"神道设教"的主体是儒家，道教则更多保留了民间信仰中"方术"文化的内容。但是这些"数术"并非完全指算命、风水、驱邪一类。"术"是个很广的概念，比如说神话故事、医药养生、节日礼俗、书画、造像、乐舞、武术、服饰、建筑艺术等，可以有些客观的介绍，让现代人更多了解道教有丰富的内容，而不只是空洞的教条。

澎湃新闻：《道教与民间宗教书系》的定位为普及类图书，但又要涉及目前道教最新的研究成果，是不是对作者的要求很高？

王卡：这套书我们将其定位为普及性质，参考了一系列的原始文献，也有最新的研究成果，是一套科普和学术性并存的书。书的形式也符合现代潮流，采用了图文并茂的方法，类似法国人做的"世界文明史丛书"。当然我们必须承认某些分册可能会有一些不足之处，这取决于作者凭借的是一手材料还是二手材料。如果作者只是拼凑网络上的相关资料是不行的，只有真正基于一手材料写成的普及书才能体现学术水平。这次我们的写作队伍虽然比较年轻,但其中也不乏优秀的学者。我们中国社会科学院道家与道教文化研究中心,一直比较重视对一手材料的研究,所以我对于这套书的总体质量还是有一定信心的。

在道教研究的学术界,虽然一百年前就有人开始做这个工作了,但真正大规模的研究是从改革开放后才开始,倒是这几年的研究有了很大的进展,很多的空白都被填补,新兴的力量日益壮大,中青年学者占据主导地位,其中大多数是博士、硕士。他们出了一些有分量的著作,有相当高的学术价值。

澎湃新闻:我们之前出版过哪些道教普及类的图书?这些书的主要问题在哪里?

王卡:我们之前编过《道教文化面面观》《道教三百题》等书,主要涉及道教的基础知识,但篇幅分量不足,仅仅二三十万字。毕竟那时的研究机构还比较少,写作力量、研究的深入程度还不够,所以有些门类没有涉及,品种也比较匮乏。基本的读者群主要是道教界的人士、国家宗教管理部门的官员、文科专业的学生,还有社会上某些对宗教感兴趣的人,具体数量我就不太清楚了。而社会上畅销的那些关于修炼、符咒、选择术[1]的书炒作成分较多,缺乏学术性、严肃性。当然我们对于这些"秘书"也不必一律禁止,应尽量向文化方向引导。

澎湃新闻:看了这个书系的目录后,发现除了专门研究道教的书,还有很多关于民间宗教的书,为什么会把民间宗教也囊括进来?

王卡:"民间宗教"我们可以换个词叫作"中国本土宗教"。明

---

[1] 这里,选择术的概念包括择吉、命理、风水等。

太祖朱元璋曾将道教限定为两个主要的派别：张天师创立的正一道和王重阳创立的全真道，缩小了合法性道教的范围。但中国民间实际上还存在很多与地方性信仰、少数民族信仰相结合的修道社团。它们在教义、方术、仪式等方面，都或多或少受到儒、道、佛三大教影响，是在中国传统文化土壤中滋生的宗教性社团。明清以来，它们虽然没有得到官方的承认，但在民间广为流传，派系杂多，信众和祠庙数量大大超过两个正统合法道派。学术界通常把这些教门叫作"民间宗教"，也有学者称之为"大道教"。学术界也应加强对"民间宗教"历史和现状的研究调查，适当向社会介绍一些相关知识，所以我们将这方面的部分研究成果纳入了书系中。其实在国外也一直是将中国道教和民间宗教放在一起研究的。

澎湃新闻：有人说道教是中国唯一的本土宗教，但又有人不承认道教的地位，甚至说"道教是模仿佛教而创制的"。我们到底该如何看待这两种说法？

王卡：狭义的"道教"（正一道及全真道），是中国当今五大合法宗教中唯一的本土宗教，但不是古今以来中国本土文化中产生的无数以"天道"信仰为根本宗旨的"大道教"中唯一的宗教性或非宗教组织。佛教自汉代传入中国，在南北朝时期实现了"中国化"。道教在佛教中国化的过程中起到了关键的接引和转化作用。当然佛教的教义教制对道教从原始民间教团发展为成熟的合法宗教，也曾有过极为重要的影响，但绝不能说"道教是模仿佛教而创制的"。

（专访记者　臧继贤）

目　录

前言 ·· I

一 极盛而衰：明清道教的存续 ································ 1

1 帝王对道教的用与治 ·· 2
2 道脉的弘扬与发展 ·· 33
3 神明与明清社会 ·· 59

二 丹脉纷呈：明清新出丹派及丹籍 ························ 88

1 钟吕丹道的勃兴 ·· 89
2 陆潜虚和东派 ·· 96
3 李涵虚和西派 ·· 103
4 伍冲虚、柳华阳和伍柳仙宗 ······························ 111
5 闵一得和西竺心宗 ·· 118

三 教外别传：明清儒道合一的民间传统 ················ 124

1 会三归一的龙江夏教 ·· 125
2 儒宗道用的槐轩之道 ·· 135
3 以道补儒的太谷之学 ·· 146

小知识目录

寻找建文帝 ……………………………………… 18
乾隆治藏 ………………………………………… 32
编修《道藏》 …………………………………… 44
钟吕丹派 ………………………………………… 94
道家与道教 ……………………………………… 163

前　　言

　　道教分为文化内核和物质外壳两个部分。道教的文化内核是以先秦道家思想主要是老庄思想为母体，由《易经》衍生出修炼模式，以生命问题为核心，在长期的历史进程中吸收了谶纬、阴阳五行、墨家及儒家的学说，在与佛教的互动中又吸收了很多佛教的元素，逐步建立和完善的理论体系；而宫观、道阶、器物等则是它的物质外壳。作为中国唯一一个土生土长的本土宗教，学者们对道教究竟是什么性质的"宗教"依然存在争议。这是因为，道教的边界并不如其他宗教那般清晰，它似乎离现实社会很远，又似乎近在咫尺，百姓日用而不知。鲁迅先生对此有着清晰的认识，他指出："前曾言中国根柢全在道教，此说近颇广行。以此读史，有许多问题可以迎刃而解。"

　　在道教发展史上，明清是一个特殊的时期，道教在明代达到兴旺的顶峰，在清代又一落千丈。有明一代，道士破天荒进入行政中枢，负责王朝的礼仪和祭祀，很多高道通过道录司、神乐观、朝天宫等宫观衙门在礼部获得高位，如周思得、刘渊然、邵元节、张宇初等人，深受皇帝信奉，成为社会上层争相结交的对象。这些入朝的道士中，既有以"出世心行入世事"、被誉"道德清高"的高真大德，亦有被正史断为"妄佞"的"妖道"。神乐观等道教衙门作为道教的政治舞台，反映出道教，特别是正一道为了生存，虽然经历着道教内部"你方唱罢我登场"的权力争夺,但依然团结在中心人物的周围以抵抗皇室、言官、阉党、佛教等各方势力谋求发展的压力,使得有明一代见证了道教在君主专制时代的最后勃兴。

进入清代,道教失去了皇室及权贵阶层的支持。若说清初顺治、康熙二帝为拉拢汉人还保留着对道教的某种优待的话,乾隆之后,政局趋于稳定,道教的政治地位便陡然下降。乾隆降低了张天师的品秩,废止了神乐观;嘉庆叫停了张天师的筵宴;道光则直接停止了张天师的循例朝觐,宫廷内也不再任用道官。可以说,雍、乾时的高道娄近垣是清朝最后一个贴近皇帝的道官。乾隆还下令禁止张天师或龙虎山法官到各省开坛传度,否则与天师一并议处。这样的禁令不但将正一道的法脉传承逼入地下,也大大降低了龙虎山天师府的地位和收入,正一道从此一蹶不振。全真教虽然有过短暂中兴,但始终也未为皇权所用。

纵观历史,道教的发展依赖皇权的支持和知识阶层的投入,皇帝有"一言兴废"的能力,但这也仅限于社会上层和权贵阶层,民间对道教的尊崇才是道教的生命力所在,因此不能忽略明清时期道教在民间的发展。事实上,清代道教的衰落,只是在官方的地位一落千丈,在民间,包括少数民族所居之边远地区,道教仍在持续发展。明清时期,民间不但出现了许多新生的道派、丹派,也新出了不少丹籍、道经,在明清"三教合一"思潮的影响下,民间还出现了具有明显道教特征和色彩的民间儒学流派。明清时期,大量华人向海外移民,道教随着华人走出了国门,走向了东南亚,在华人间的影响持续至今,渗入血脉,是华人与故土的精神联结。

鸦片战争之后,西风东渐,以基督教为代表的西方宗教文化对道教产生强烈冲击,西方文化更以"科学""民主"为名冲击着传统的中国社会，儒、释、道三教在此间都受到严峻挑战。民国时期，"科玄论战"后，道教更加首当其冲，以陈撄宁、张恩溥等为代表的道教人士进行了艰难的自救，这个过程可以说迄今都还没有完成。

道教是中国历史的一部分，其精华也是中华优秀传统文化的重要组成部分。如何对道教文化进行扬弃，道教如何面对时代的冲击，是摆在研究者和教界人士面前的重要课题。

"明清道教"是一个丰富而严肃的课题，本书难免挂一漏万，很多问题也未涉及。我们希望本书是了解"明清道教"的途径，即便不是最好的途径，也是有效的途径之一。

一 极盛而衰：明清道教的存续

1 帝王对道教的用与治

刚柔并举的明太祖

明太祖高皇帝朱元璋(1328—1398),濠州钟离(今安徽凤阳东北)人,家族中排行第八,故原名朱重八。据称,朱元璋祖上来自江苏句容,其母陈氏,父名朱五四,祖父名朱初一,曾祖名朱四九,高祖名朱百六。元朝恶制,庶人平民无职者不得取名,只能以父母年齿为名,可见朱元璋祖上均为贫农。朱元璋幼时贫穷,曾为地主放牛。至正四年(1344)入皇觉寺为僧,至正十二年(1352)参加郭子兴领导的红巾军。郭子兴奉韩林儿为正朔,韩林儿号称"小明王",其人及势力都有"明教"色彩。至正十六年(1356),朱元璋被部下诸将奉为吴国公,纳谋士献策"高筑墙,广积粮,缓称王",与陈友谅、张士诚及元军残部周旋。征战期间,朱元璋吸纳了一些道士或术士类的人物为谋士,如周颠、张中、刘基等,这些人为朱元璋"位登大宝"

立下了汗马功劳。1368年,朱元璋在南京称帝,国号明,年号洪武。在长达30年的统治期间,他制定了大量的典章制度,为明朝的存续及国势的强盛奠定了坚实的基础。

朱元璋借"明教"起事,可能仅是看重了"明教"一呼百应的号召力,从日后他对道、佛二教的积极改造和压制,以及对"明教"余部和各种民间宗教不遗余力的打击来看,他并没有深厚的宗教情感。戎马十多年,朱元璋转战南北,在抗元起义、群雄争霸之间多历惊险,这些经历使得朱元璋颇具世俗精神,不求长生,不证佛果,以道、佛诸教"暗助王纲",以求"益世无穷",匡扶世运,"益人伦风俗"。

正是在这种基调之下,朱元璋利用道教为自身的统治构建合法性,又在洪武朝推动了一系列前所未有的道教改革:包括设立道录司总督天下道教;设立神乐观作为国家礼乐机关;破天荒以道士作为国家礼乐祭祀的执行者;等等。朱元璋还以国祀的形式改造了道教斋醮科仪,大量加入"重君国、敬天地、崇社稷、尊祖考、爱胞与、明群伦"等内容。朱元璋这种对宗教的"实用"态度,体现了他决意将宗教纳入封建礼法秩序之下的意志,虽表面以宗教辅助"王纲",实则以"王纲"改造宗教。

朱元璋的宗教观念

当代行为主义学派认为,一个人在幼年时所经历的生活环境,与他的性格、人格、素养以及行为处事的风格有着紧密的关联。朱元璋出身贫穷,其祖、父都曾因拖欠苛税四处奔逃,家庭也因贫穷四分五裂,这就注定了朱元璋一生极为同情贫民,憎恶官吏,特别是那些握有生杀权力、代元廷执行暴政的官老爷们。这些官吏掌握着生产资料，特别容易滋生贪腐。朱元璋登基之后对贪官污吏动辄剥皮抽筋、诛灭九族，其治理之严，不能不说与他早年凄惨的社会底层生活经历有关。明白朱元璋生活的背景和他的心理，就能够解释他为何有时对宗教非常虔诚，有时又极为严厉地打压宗教。

朱元璋家中十分贫穷，他在自家中排行第三，除他以外，其余各子女均因其父母无力抚养，或被送人，或早出嫁。朱元璋从小以给地主家放牛糊口，母亲曾教他识字，但没有正式入过塾。他早年的知识见解全靠"耳濡目染"社会底层的生存经验以及挨饿、受虐等"社会实践"积累所得。他不喜腐儒，认为学问知识大而无当，留下《皇明祖训》晓谕后代"俗儒多是古非今"，"被其眩惑，莫能有所成也"。至正四年（1344），朱元璋17岁，凤阳蝗虫为祸，饥荒、疫疠摧毁了朱元璋一家，"父母兄相继殁，贫不克葬"。乡亲刘继祖为举义葬，朱元璋有饿死之虞，不得已出家皇觉寺。

出身社会底层，也使朱元璋一生与宗教有着脱不开的关系。淮扬、凤阳一带农村，乡里乡间深受传统巫术、术数、祭祀风俗等影响。乡民好神异，崇多神，经常老君、菩萨、玉皇一起拜，对宗教本身的界限并不在意。靠天吃饭也使得农民颇为尊重"天意""鬼神"，对能知"吉凶休咎"、擅长占卜的"先生"极为信服。朱元璋的外祖父陈氏就是这样一位颇受乡亲敬重的"先生"。这位陈老先生在张世杰麾下参加过宋、元于新会发动的崖山之战，刀光剑影之下大难不死，在江淮乡间靠巫术、卖卜、写字为生，到99岁高寿才离世。这些"先生"们一般都通文墨，走家串户，熟知民情，担任着普通百姓生老病死和婚丧嫁娶的"顾问"，为之倡明"天意"，解释困惑，指引人生。他们若心怀大志，逢乱世时也能有所施展，如周颠、张中、姚广孝之辈，即从民间"先生"脱胎而来。

朱元璋跟其外祖父学了什么，史书没有记载，我们也无从推论。不过，朱元璋登基之后，追封其外祖父为扬王，亲撰《扬王行实》，并着宋濂为之制碑；朱元璋又亲自撰写祭文，言辞恳切，可以看出他和这位外祖父感情颇深。陈氏四处为人卜卦、看相，又擅长巫术，朱元璋对宗教及民间信仰的初步了解，应和这位外祖父有很深的关系。

《皇明祖训》中，朱元璋教导后代要善于观察吉凶征兆、察几入微：

> 凡动止有占，乃临时之变，必在己精审，术士不预焉。且如将出何方，所被马忽有疾，或当时饮食、衣服、旗帜、甲仗有变，或匙箸失、杯盘倾、所用违意，或烈风、迅雷逆前而来，或飞鸟、走兽异态而至，此神之报也，国之福也。若已出在外，则详查左右，慎防而回；未出即止。然，天象人不能为，余皆人可致之物，恐奸者乘此伪为，以无为有，以有为无，窒碍出入，宜加详审。设若不信而往，是违天取祸也。朕尝临危，几凶者数矣。前之警报皆验，是以动止。必详人事，审服用，仰观天道，俯察地理，皆无变异而后运用，所以获安。

这种观察自然征兆以定"吉凶休咎"的方法，实际上是阴阳占算家的"风角占候"之术。朱元璋不但自己信奉这一套方技，而且要求子孙后代审慎对待，以求吉祥安宁。这套方技，虽明清时期才正式典籍化为《玉匣记》《协纪辨方书》《鲁班经》等书，但其基本内容自古在民间就有所传承，多流传于"先生"之间。朱元璋所学可能承自其外祖父或周颠、张中等人。从行文来看，不论日后朱元璋参加过多少次道教斋醮、佛教法事，其真正信仰且认为有用者，可能也就仅此而已了。

朱元璋入皇觉寺为僧，主要目的是为活命自保，从他时常道、佛并举来看，谈不上学了多么深厚的佛理，但民众对宗教信仰的痴狂态度，应给他留下了极为深刻的印象。登基之后，他表现出对宗教内部建构的深刻了解，也应与此时的出家经历有关。他并不关心甚至并不尊重宗教教义本身，但十分看重宗教的实用性。用现代话讲，朱元璋看待宗教的观点带有一点"社会学"眼光，肯定宗教作为人的心理寄托，具有安抚人心的作用，也肯定宗教对社会自有其贡献。但朱元璋对宗教的设限亦十分严厉，绝不允许宗教有任何一点越界、冒犯王权之举。

早在唐、宋之间，江南民间就流传有多种与摩尼教有关的信仰，并形成了一些信仰团体。这些信仰团体具有类似于基督教"弥赛亚"信仰的特点，或依托于道教阴阳灾厄学说，或依托于佛教弥勒信仰，追求"当下净土"，相信将有"未来佛"或"大明王"之类的"救世主"出世以解救乱世。纵然官府对之极力打击，但信从者众，在民间拥有极大的影响力。至元末，更有"明教"信徒势力膨胀，徐寿辉、刘福通、陈友谅、明玉珍等人均以"明教"为旗帜起义抗元，韩林儿更自称"小明王"，可见民间信仰的影响十分巨大。

朱元璋深为忌惮宗教信仰所蕴含的巨大动员力量，他锐意改革道、佛两教为王权所用，并极力弹压"明教"等民间宗教。对于道、佛两教，他一方面亲近之，通过行政手段改革两教的组织形态甚至义理，一方面又极力限制二者发展。可以说，有明一代的宗教政策，都由洪武朝奠定。其将道、佛等诸教置于股掌之中的高明手段，此后明代帝王无人可出其右。只可惜后代帝王沿着朱元璋的宗教政策前行，却缺乏他的平衡能力，以致佞佛谄道的帝王层出，这大抵是朱元璋始料不及的。

朱元璋对道教的修用

明朝建国即伴随着道教的神话叙事，除太祖出生神话外，伴随朱元璋南征北战的人中，也不乏道士的身影。如《明史·方技传》记载，在朱元璋与陈友谅的决战中，张中以"洞玄法"召大风助其取胜。取得天下后，鉴于道教对当时社会各阶层的深刻影响，朱元璋对道教软硬兼施，一方面怀柔道教，利用其宗教话语增强明廷统治的合法性，以道教对人伦道德的提倡作为稳定社会的工具；另一方面又对道教设立诸如收紧发放戒牒、不许私度弟子等限制，更于洪武二十四年（1391）下诏："……学道者曰正一，曰全真，皆不循本俗，污教败行，为害甚大。"借以清整道教，可见其对道教能用也能治。朱元璋对道教的利用与改造主要体现在以下几个方面。

不务道教之玄虚

为调和三教之矛盾，朱元璋作《三教论》表达自己对儒释道的基本看法，但主要针对的还是道教。朱元璋指出，学老子者，首先不应认为老子"务虚"。老子并没有传什么金丹黄白之术，也不讲升霞禅定之机，而是宣扬三皇五帝之仁，修己以合天道，暗助王纲。行王道之人倡议鬼神之说，不过是为了使人民有畏惧。因此，老子之道与孔子是一致的。其次，不应追求长生不死。朱元璋认为，以汉武帝、魏武帝、唐明皇这样的人物都无法长生，普通人追求长生，容易被左道邪术所蛊惑。作为帝王，与其追求虚无缥缈的长生不死，不如追求昌明政治，"以朕观之，人君能清心寡欲，勤于政事，不作无益以害有益，使民安田里，足衣食，熙熙皞皞而不自知，此即神仙也。功业垂于简册，声名流于后世，此即长生不死也"。朱元璋这些观点表明，他信道而不佞道，肯定佛、道二教有利于治世的功效，但不务玄虚。他对公侯勋贵沉溺道教十分不以为然，尝予以痛斥。据《明实录》记载，洪武三年（1370）十二月十四日，朱元璋发布诏谕："公侯不可崇道、尚服丹药。"

严密道官制度

洪武初，朱元璋建立管理僧、道的中央机构，名义上以僧为前、道为后，事实上，道教的地位在佛教之上，这表现在两方面：其一，道教张天师被封为二品，世袭罔替，僧人没有这样的殊荣；其二，朱元璋一反中国政治传统，用道士替换儒生负责乐舞及宫廷祭祀。洪武十二年（1379），明廷设置神乐观，设正六品提点一员，从八品知观一员，以掌祭祀。地方上，府设道纪司，从九品都纪一人、副都纪一人。州设道正司，道正一人。县设道会司，道会一人。自副都纲、副都纪以下，俱未入流。洪武十七年（1384），从道官之请，又设三茅山华阳洞，及阁皂山灵官各一员，俱正八品。道士更接近政治中枢，也因而更受到国法的制约，如果道士与僧人犯同样的刑法，对道士处罚重于僧人。《万历野获编》"僧道异法"条记载："洪武中有诏，凡火居道士，许人挟诈银三十两，钞五十锭，如无，打死勿论。"

敕封张天师

朱元璋任吴国公时就与张天师有往来。至正二十一年（1361）朱元璋攻占南昌时，张陵四十二代孙张正常遣使携符命密告朱元璋，朱元璋颁布令状保护龙虎山。洪武元年（1368），明朝建立，张正常专程朝觐恭贺,朱元璋赐宴款待,对其非常礼遇,授予"正一教嗣汉四十二代天师、护国阐祖通诚崇道弘德大真人"之号,秩正二品,并设赞教、掌书二僚佐。这里有一个插曲,朱元璋以"至尊者天,岂有师也。以此为号,亵渎甚矣"为由,不许张正常称"天师",因此有学者认为朱元璋对道教的态度以贬为主。事实上,张正常称"大真人",秩正二品,反而从建制上获得了极高的政治地位,非但如此,朱元璋还下诏令张正常"掌天下道教事":

> 奉天承运,皇帝制曰:朕惟道家者流,本于清静无为,其来尚矣。龙虎山张氏,自汉以下,宗派相继。其四十二代孙正常,存心冲澹,葆德纯和,远绍宗传,以守正一。朕用嘉之,是宜锡以真人之号,尔其益振玄风,永掌其教焉。可授正一嗣教护国阐祖通诚崇道弘德大真人,掌天下道教事。宜令张正常准此。

洪武二十三年(1390),上谕礼部"严禁伪造符箓","天下符箓,出此一家(龙虎山)",禁止民间私自授箓。明太祖之后,明廷对张天师仍有礼遇,如明英宗颁赐张天师金印以象征其权威,明穆宗虽然对张天师削爵减俸,但不久又一仍其旧。道官的晋升常与张天师有关,正一道以推荐道士入仕作为道教在朝廷保持影响力的手段。在张天师的"庇荫"下,龙虎山派系或与之有关的道士出仕者颇多,如宣德九年(1434),龙虎山道士操克宏、颜福渊、黄嘉佑、龚继宗入朝奏对,皆授道录司左至灵,其中颜福渊亦出仕神乐观;成化初年,金谿人连克章赴召,授道录司左至灵加太常寺寺丞。出仕神乐观、道录司、太常寺或其他各部的道官往往是一个高道圈的核心,与之相关的人等可以依傍此核心而入仕，其背后往往有张天师的举荐或影响。

以道士为乐舞生

洪武年间，设立道录司作为专门管理道教的国家机构，后又设立神乐观负责国家祭祀中唱礼、奏乐、舞蹈等部分，并管理一些民间祠庙，道教以此为媒介正式进入国家官僚体系。神乐观设立之缘起，是明太祖认为道士一心追求清净自然、超尘脱俗，"多孤处云居栖岩屋树，是则宜其修也，晨昏息心以去玄览，宵昼仰观俯察，以涤宿世之冤愆，措今生之善行"，既然道士专务清虚可以"蹑云衢而神游八极，往无不达，交无不接"，故用道士为乐舞生并"专备大祀、宗庙、社稷、山川、孔子及各山陵供祀之用"，全面负责祭典仪式。神乐观建立之初设提点及知观各一名，以从六品的品阶隶属于太常寺，负责教授乐舞生演习道教礼仪和音乐，也常兼任太常寺协律郎等。洪武十五年（1382）五月，神乐观升为正六品衙门，永乐年间增设一名知观，后又于嘉靖三十七年（1558）裁撤。

明朝廷对神乐观及道教的态度从客观上激发了道士请入神乐观的积极性。神乐观建立之初，明太祖就广征高道入职神乐观，洪武十八年（1385）更向天下道观发出御令，请各地推荐有功有德的高道入京，响者如云，一时间神乐观云集了当时各地著名的高道（如周玄真、蒋雷谷等）。明廷对神乐观道官的重用使得道门把入职神乐观作为尊荣的象征。《故神乐观仙官傅公墓志》称："十八年乙丑，有旨于龙虎、三茅、阁皂三山，选道行之士充神乐观提点，金推公（傅若霖），应召赴京。上悦，授格神郎五音都提点、正一仙官，领神乐观事，敕礼部铸印如六品，命掌之，仍依阶给俸。"傅公即傅若霖，号同虚子。神乐观成为道士借以升迁的"终南捷径"。

改革礼制

开国前，朱元璋就着手按照传统帝王承继大统的方式，履行继皇帝位的程序，他先祭祀山川大地，然后建造圜丘祭祀上天，这都是皇帝的专属祭祀对象。洪武元年（1368），为表示大明承继的是大宋皇统，朱元璋在汴梁祭祀故宋的神明，包括山川河岳以及汴梁的境主神。同时，朱元璋着手对祭祀仪式进行改革和规范化，废弃元制，重新规范了圜丘、方丘、社稷、宗庙的度量衡和规制，整编了参拜、祭祀、参见等仪轨和所需要的音乐与服饰。朱元璋还下谕各郡县搜集整理各境历代的名山、河海、城隍、忠臣义士、历史名人、境主神、本地神等，上报朝廷以编辑祀典，年末又传谕各地兴建社坛，把朝廷勘定的神明迎进供奉。这么做的原因很简单，就是为次年的封神仪式做好充足准备。

用了大约四年的时间规范了皇朝的礼制后，洪武二年（1369）正月，朱元璋登上金銮殿敕封天下神明。出于宣告四方平定的目的，先敕封城隍神。封国都南京应天府城隍为"承天鉴国司民升福明灵王"，故宋皇都汴梁城隍为"承天鉴国司民显圣王"，龙兴地凤阳城隍为"承天鉴国司民贞佑王"，直隶当涂县城隍为"承天鉴国司民英烈王"，直隶滁州城隍为"承天鉴国司民灵佑王"，直隶和州城隍为"承天鉴国司民灵护王"，除了应天府城隍为正国级外，这五位城隍都是正部级一品。除此外，朱元璋还将一些开国的义士立祀封赐，如鄱阳湖的康郎山大战中抵抗陈友谅而阵亡的三十六位将士，"有司岁致祭"。就这样，皇帝以"忠君爱国"为出发点，为人、神两界拟定了秩序。

羡慕玄风的明成祖

明成祖朱棣(1360—1424),年号永乐,是明太祖朱元璋第四子,明朝第三任皇帝。朱棣生于南京,受封燕王。洪武十三年(1380)赴北平就藩后,朱棣曾多次奉朱元璋之命讨伐北元,积累了一定的战争经验。朱棣原本没有问鼎皇位的可能,洪武二十五年(1392),太子朱标病逝,朱元璋把朱标之子朱允炆册封为太孙,即后来的建文帝。秦王朱樉、晋王朱棡等皆早于朱元璋去世,朱棣在各藩王中年岁最大,势力首屈一指。建文帝依靠黄子澄、齐泰及方孝孺等文臣强力削藩后,朱棣决定先发制人,建文元年(1399)七月在封地北平以"靖难"为名,起兵反抗朝廷。

朱棣起兵,以名僧姚广孝为军师。姚广孝(1335—1418),明苏州长洲(今江苏苏州)人,14岁剃发为僧,先后学习天台、密教,最后改宗禅门,修持临济宗,法名道衍,号独庵,人称道衍禅师。姚广孝虽身为僧人,但拜道士席应真为师,得其阴阳、占卜之术。席应真(1301—1381),住常熟佑圣观,精研《易经》,精通阴阳术数、兵略、占候等,又擅长文辞,是元明间一代高道,与姚广孝交往达20年之久。据说,燕王起兵时,姚广孝请来披发天神助阵,朱棣问这是何神,姚广孝答曰北方玄武(真武)神,此即成祖一朝尤为崇拜真武大帝的原因所在。这一故事经过民间小说笔记的渲染,衍生出多种不同版本。

玄武是星宿的人格化,一说是北方七宿,一说是玄武七宿中的室宿,也称北极。玄武信仰由来已久,宋朝曾六次加封玄武,标志着玄武信仰正式兴旺开来。至元代诏封"元圣仁威玄天上帝",始称帝号。明太祖加号"玄天上帝",复封"真武荡魔天尊"。明太祖对玄武大帝的推崇影响了朱棣,朱棣发动"靖难之变"的过程中,利用姚广孝、袁珙、金忠等方士为其出谋划策、制造舆论。即位后更封玄武为"北极镇天真武玄天上帝",真武大帝为北方玄武,印证王气在北的说法,强调自己能成为皇帝实是天命所归。朱棣在京师建真武庙,在监、局、司、厂、库等衙门中建真武庙坛,供奉真武大帝塑像。又在《御制真武庙碑》文中对真武大帝助其夺位之功大加颂扬:"惟北极玄天上帝真武之神,其有功德于我国家者大矣……朕肃清内难……神之阴翊默赞……"

武当山紫霄宫

朱棣既崇拜真武，也真的把自己当作真武的化身，北京钦安殿的玄天上帝像据说是按其形象而造，因此有所谓"真武神，永乐像"的传说。朱棣在武当山大肆修建宫观，从永乐十年（1412）开始，朱棣命隆平侯张信、驸马督尉沐昕、工部右侍郎郭琎、礼部尚书金纯等率20余万军民、工匠大修武当山，令高道孙碧云担任主持，次年将武当山封为"大岳太和山"，地位在五岳之上。永乐十四年（1416），他下令发配3000多名罪犯到当地务农，以供养道人，并且免除了当地居民的徭役。武当山大修一直持续到永乐二十一年（1423），历时12年，落成敕建的大岳太和山大小宫观33处，成为金碧辉煌、宝相庄严的皇家道观。明成祖对玄武大帝的礼奉成为明朝的定制，历任皇帝经常派遣使者到武当山诣香上供。

武当盛景

除了自恃为玄武化身,朱棣整修武当山的目的之一是为讨好武当高道张三丰。张三丰是除吕洞宾以外知名度最高的道士,关于他的生卒、籍贯、生平事迹都没有详史可查,甚至历史上是否确有其人也难以确定,但在洪武、永乐时期,张三丰的仙名已经传进宫闱,《大岳太和山志》存有最早的有关张三丰的传记,文中写道:

> 颀而伟,龟形鹤背,大耳圆目,须髯如戟,寒暑惟一衲一蓑。所啖升斗辄尽,或数日一食,或数月不食。书经目不忘。游处无恒,或云能一日千里。善嬉谐,旁若无人。尝游武当诸岩壑,语人曰:"此山异日必大兴。"时五龙、南岩、紫霄俱毁于兵,三丰与其徒去荆榛,辟瓦砾,创草庐居之。已而舍去。太祖故闻其名,洪武二十四年遣使觅之不得。

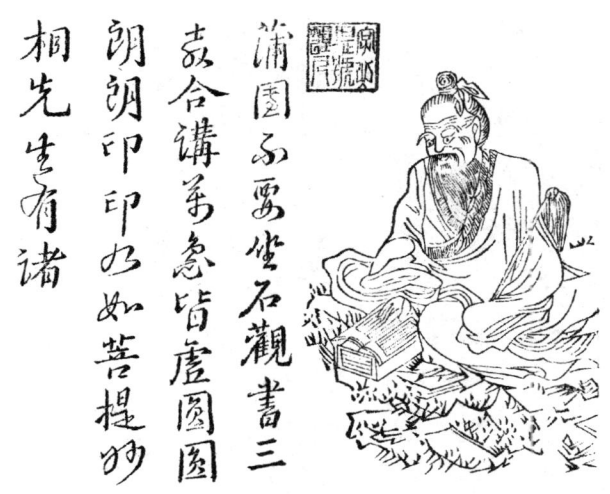

张三丰像

不仅朱元璋寻不到张三丰，朱棣也没有寻到他。章潢《图书编》记载："永乐中尝遣使寻访，竟不遇，为宫以待之。"寻访范围不限于武当山，如果听说别处有张三丰的消息，朱棣也会派人前往探寻，刘渊然就曾被派往云南求访张三丰。也有人猜疑朱棣明着寻找张三丰，实则四处打探建文帝的下落。明王鏊《震泽纪闻》说："以访张仙为名，实为文也。"明郑晓《今言》说："实访故君云。""故君"即建文帝，沈德符《万历野获编》说："访张三丰为名，实疑其（建文帝）匿他方起事。"

除了利用北方玄武等符号神话自己以外，朱棣还以道教神异来稳定民心。"（永乐四年）十一月己巳，甘露降孝陵松柏，醴泉出神乐观，荐之太庙，赐百官。"群臣上奏贺圣孝瑞应。《露异部汇考》："甘露者，神露之精也……王者德至于天，和气感则甘露降于松柏。"汉代王充《论衡·是应》引《尔雅》论"醴泉"："《尔雅》又言：'甘露时降，万物以嘉，谓之醴泉。'醴泉乃谓甘露也。""甘露""醴泉"都是天降祥瑞，表示"上天"认可当政者，时政、国运昌盛，政道昌明。朱棣"靖难"逼退建文帝而登上皇位，从永乐四年（1406）开始，《明史》连续记载"天降甘露"，不外是利用神异证明其政权已获得来自"上天"的合法认可。

永乐四年（1406）"天降甘露"之后，朱棣召道士为超度明太祖举行金箓斋法，并连续七天莅临道场："征天下道士至京师朝天宫、神乐观、洞神宫，修举金箓斋法，荐皇考皇妣，车驾幸斋坛，七日而毕。"第二年，"修神乐观，立醴泉碑，敕命道士于朝天宫设醮，上资皇考皇妣冥福。竣事，醴泉出观井中，群臣以为上孝感所致，请立碑以昭灵贶"。金箓斋法属于灵宝斋法，与玉箓、黄箓等并称"三箓七品"。依《洞玄灵宝玄门大义》，金箓斋法可以"上消天灾，保镇帝王",是道教用于增强国运保护皇室的斋法。"追荐"即为"超荐",是道教"济拔九幽"的法事。杨士奇点出了朱棣以"追荐""甘露""醴泉"作为"上天"垂顾,上承明太祖皇权合法性的用意:"洪惟皇帝陛下(朱棣)以孝治天下……天下万国之人承风乡化,熙熙然入于泰和之域矣。"朱棣也不讳此意,他说:"朕观自古有道之君,祥瑞之来愈加警畏,尔宜勉辅朕躬,承天与朕皇考皇妣鉴临之意。"君臣一唱一和,朱棣利用道教法事展示自己"承天孝感"的目的已达到。

同样利用道教,朱棣较之于朱元璋更具有道教信仰。除了在宫中时常举行斋醮、敕封道士,朱棣对张天师十分恩宠。建文帝时,第43代天师张宇初被斥夺诰印,朱棣登基后,立即恢复了天师的荣誉与地位。永乐四年(1406),朱棣令张宇初编修《道藏》,四年后张宇初羽化,其弟张宇清继任其事。《道藏》共收入各类道书1470余种,5485卷,一直编修至英宗正统十年(1445)方成,因此又名《正统道藏》,是迄今唯一一部保存完好的道教经书全集。朱棣还敕封了大量民间神、地方神,如敕封徐知谔、徐知海为"二徐真君",并修建灵济宫。二徐为南唐时期驻守福建的藩王,有功于民,深得闽侯人信奉。宋高宗、理宗都曾敕封过二徐。朱棣起兵时,姚广孝推举民间异人、著名相师袁珙为谋士。朱棣登基后,袁珙之子袁忠彻成为朱棣近臣。朱棣生病时,灵济宫扶乩给药,《明史》记载了一则发生在朱棣与袁忠彻间的君臣对话:

> 礼部郎周讷自福建还,言闽人祀南唐徐知谔、知海,其神最灵。帝命往迎其像及庙祝以来,遂建灵济宫于都城,祀之。帝每遘疾,辄遣使问神。庙祝诡为仙方以进,药性

多热，服之辄痰壅气逆，多暴怒，至失音，中外不敢谏。忠彻一日入侍，进谏曰："此痰火虚逆之症，实灵济宫符药所致。"帝怒曰："仙药不服，服凡药耶？"忠彻叩首哭，内侍二人亦哭。帝益怒，命曳二内侍杖之，且曰："忠彻哭我，我遂死耶？"忠彻惶惧，趋伏阶下，良久始解。

这段记载表明朱棣对道教存有真实的信仰，永乐二十二年（1424），朱棣驾崩，文臣怀疑与灵济宫的给药有关，因此历史上传说朱棣是服用道教丹药而亡。

小知识：寻找建文帝

建文帝去哪儿了呢？据《明史》记载："谷王橞及李景隆叛，纳燕兵，都城陷。宫中火起，帝不知所终。燕王遣中使出帝后尸于火中，越八日壬申葬之。或云，帝由地道出亡。"朱棣曾十多次派人寻找建文帝，其中一次是走水路，即众所周知的郑和下西洋；一次是走陆路，先是永乐元年（1403）差遣刘渊然往云南一线寻找，再则永乐五年（1407）以寻访张三丰为名派遣胡濙外出寻访，一无所获。以寻访仙人为由暗访建文帝可以隐人耳目，但最终朱棣既未寻到仙人，也没有寻到建文帝。

专务仙道的明世宗

正德十六年(1521)正月十四日,明武宗朱厚照结束了富有争议的一生,享年29岁,是非功过难以评述。正德八年(1513),朱厚照在江南推行税负改革,使得江南两年间就还清了拖欠10多年的赋税;正德十二年(1517),朱厚照在今张家口市领兵击溃了蒙古鞑靼王子,史称"应州大捷"。也正是这位皇帝,宠信宦官刘瑾、张永、丘聚等"八虎",祸乱朝政;在王阳明已经平定宁王朱宸濠的叛乱后,为满足自己的"亲征"欲,舟车劳顿地赶到南京"受降",命王阳明将宁王释放,再亲手抓回。最为历史诟病的是他修建"豹房",整日在酒池肉林中沉溺淫乐。此外,朱厚照对宗教有着旺盛的好奇心,同时信仰藏传佛教、回教等,自称忽必烈、大宝法王、沙吉敖烂(部落长者)。《尧山堂外纪》记载:"武庙乐以异域事为戏,又更名以从其习。学鞑靼言,则自名曰忽必列;习回回食,则自名曰沙吉敖烂;学西番剌麻僧教,则自名为太宝法王领占班丹。"

这位一生以玩乐为己任的皇帝崩逝后,没有留下任何子嗣,命运之神眷顾了明孝宗朱祐樘异母弟、兴献王朱祐杬的儿子朱厚熜。明武宗的母亲张太后与首辅杨廷和迎朱厚熜登基,误以为这位旁支的继位者容易控制,但小皇帝很快显露出桀骜不驯的一面。在议定以皇太子礼于奉天殿继承明孝宗的帝位后,朱厚熜与文官集团对其生父名分的问题争执不下。以首辅杨廷和为中心的文官集团要求朱厚熜尊明孝宗为皇考,生父朱祐杬为皇叔考,祭祀时对朱祐杬自称侄皇帝。朱厚熜坚决不许,只同意尊明孝宗为皇伯考。这件涉及杨廷和、汪俊、邹守益、唐皋等名臣的"大礼议"之争以皇帝的胜利告终,嘉靖皇帝朱

一 极盛而衰:明清道教的存续 | 19

厚熜达成了他想要的全部目标，也造成了他与张太后及文官集团的长期不睦。

上任后，朱厚熜以迅雷不及掩耳之势诛杀了佞臣钱宁、江彬等，大赦天下，抑止宦官，减租减税，还地于民，打击倭寇，一扫武宗朝政的颓废，但围绕着旷日持久的"大礼议"之争，使他对文官系统产生了深深的戒备。他发现文官无法对他产生有效制约，于是采用了一套特殊的"人君南面之术"：深藏幕后、乾纲独断又严重依赖宦官。与文官的斗争加重了朱厚熜的神经质，他把精神寄托给了道教。从嘉靖元年（1522）在宫廷为寿安皇太后举行斋醮仪式开始，朱厚熜一反明武宗崇佛的策略，在宫廷大力推行道教。嘉靖三年（1524）二月，杨廷和致仕，朝廷再没有能制约朱厚熜的力量，他即刻从龙虎山征调曾坚拒宁王叛军礼聘的高道邵元节入朝，专司祭祀，住显灵宫。后因祷祀应验，邵元节获封"清微妙济守静修真凝玄衍范志默秉诚致一真人"，统辖朝天、显灵、灵济三宫，总领道教，位极人臣。

兴献王的封地在今湖北钟祥，该地与武当山深有关系，朱厚熜自幼便随从父亲朝礼武当。嘉靖三年（1524），朱厚熜赐给武当山一件五色瓷雕圣牌。圣牌正下方一日高悬，若初升的太阳，双凤展翅在瑞云中飞翔。两边各饰两龙，龙体饰黄色，寓意其为真龙。嘉靖五年（1526），武当山净乐宫为朱厚熜举行了持续七昼夜的"罗天大醮"。嘉靖十二年（1533）和十五年（1536），久未获嗣的朱厚熜连得二子，对祈嗣的邵元节大肆封赏。从嘉靖三年入朝到嘉靖十八年（1539）病逝，邵元节独得朱厚熜恩宠15年之久，不但因其祷祀常验，也与他生性谨慎，从不以神道干预朝政有关。为讨得这位特立独行的皇帝的欢心，文官们表现出前所未有的对道教的"积极性"，嘉靖十七年（1538）后，明朝内阁14个辅臣中，如徐阶、顾鼎臣、严讷、夏言、郭朴、严嵩、袁炜、高拱、李春芳等，有9人通过撰写道教的青词起家。《明史·袁炜传》说："自嘉靖中年，帝专事焚修，词臣率供奉青词，工者立超擢，卒至入阁。时谓李春芳、严讷、郭朴及炜为青词宰相。"

嘉靖十五年（1536），皇宫一场大火烧掉了169尊佛像，约13000斤佛骨、佛牙等圣物，佛教逐渐撤出宫廷。朱厚熜专务仙道，躲在深宫炼丹。为制成仙丹，他从民间大量征召处女，用处女经血炼药，另外又严格要求内廷宫女们的日常作息，只能吃桑叶、饮露水，如果稍有差池，立即受到责罚，重者问死罪。宫女们对他的神经质无法忍受。嘉靖二十一年（1542）十月二十一日，以杨金英为首的16名宫女计划趁朱厚熜熟睡之时将他刺杀。宫女们准备不及，未能将其勒毙，朱厚熜被闻讯赶来的方皇后和侍卫救下，涉事宫女及大量相关人员被处死，史称"壬寅宫变"。朱厚熜受到惊吓，认为自己逃过一劫是得到了真武大帝保佑，搬到西苑后，更加潜心修道，此后24年都不上朝。文官、内阁、言官、宦官、后宫、道士等各方势力在堂前相互争斗，朱厚熜坐守深宫，靠政治手腕驾驭群臣。

经邵元节举荐的道士陶仲文，从嘉靖十八年（1539）常伴朱厚熜左右，直到嘉靖三十九年（1560）去世。陶仲文善于揣测上意，而且谨小慎微，从不妄为，这也是他能长盛不衰的原因之一。史书记载，陶仲文除擅长各类道教仪式外，还擅长房中术，据说张居正所学的房中术即从他而来。嘉靖二十年（1541），陶仲文进少师，兼少傅、少保。在明代历史中，兼领"三孤"的只有陶仲文一人。嘉靖二十六年（1547），又被加授光禄大夫柱国，兼领大学士俸禄。嘉靖二十九年（1550）封恭诚伯。嘉靖三十一年（1552），朱厚熜令工部右侍郎陆杰提督重修武当山宫观，翻新、新建了很多大型宫殿，并新修牌坊，御书"治世玄岳"四字，武当山的地位得到进一步提升。修道炼丹之余，朱厚熜还给自己敕封了系列仙号，如"灵霄上清统雷元阳妙一飞玄真君""九天弘教普济生灵掌阴阳功过大道思仁紫极仙翁一阳真人元虚玄应开化伏魔忠孝帝君""太上大罗天仙紫极长生圣智昭灵统元证应玉虚总掌五雷大真人玄都境万寿帝君"等。

朝堂之上各方势力相互拉锯，道教常常沦为皇帝与文官斗争的工具。嘉靖四十年（1561），严嵩妻子病逝，严世蕃丁忧，严嵩老迈，渐不得朱厚熜心意。朱厚熜听说严世蕃贪虐淫纵，对严氏父子心生厌恶。徐阶敏锐地感到他对严氏父子态度的变化，向他推荐了一个叫蓝道行的道士。蓝道行擅长扶乩，在扶乩过程中故意对朱厚熜说："乩仙云，今日有奸臣奏事。"恰好严嵩的密札在此时送到，朱厚熜为之震惊。日后再次举行扶乩，蓝道行假借乩仙口吻说："贤如辅臣徐阶、尚书杨博，不肖如嵩。"朱厚熜听闻后下了扳倒严氏父子的决心。后严嵩贿赂朱厚熜近臣，揭发蓝道行怙宠招权等不法事，蓝道行入狱，并死于狱中。

嘉靖四十五年（1566），朱厚熜病死宫中，据说急症起于连年服用金石丹药积累的毒素。

持平相待的顺治与康熙

崇祯十七年（1644）二月，李自成军队逼近北京，京城笼罩着一片肃杀。崇祯皇帝延请张天师建罗天大醮49日，但力难回天。清廷起于关外，信奉喇嘛教和萨满教，前者理论精致，盛行于贵胄；后者是巫教的一种，不论达官显贵还是乡野民夫对之都有所信仰。因此，道教对清廷没有什么特别吸引力，道教在宫廷的地位不再。南方正一道因与明廷的特殊关系，受到清廷的格外警惕。顺治八年（1651），天师张应京入京朝觐，为皇子祷祀祈愈，顺治仍循明廷旧例，敕授正一嗣教大真人，掌天下道教事，给一品印。张应京卒于回山途中。顺治十二年（1655），新任张天师张洪任再度朝觐，顺治敕封之，并免除了龙虎山的徭役。顺治十三年（1656），全真龙门派律师王常月请求在京城白云观等地讲法传戒，得到顺治应允。

顺治对张天师虽有封赏，但并无特殊敬意，曾嘱咐张应京不得干预教外事务，也不能妄行邪术蛊惑民心，言辞颇为严厉，张洪任进京时也没有受到特殊礼遇。总体而言，顺治对道教的优待仅为了拉拢汉人权贵，收买人心。张天师数度入京，均未能在清廷获得崇信，在京的"高道圈子"，特别是依傍王权的正一道失去标杆人物，无法在政教两界凝聚影响力，这无疑也是道教整体在清朝上层社会的影响力式微的重要原因之一。

不似顺治后期痴迷佛教，以程朱理学继承人自居的康熙对佛、道两教都无特殊情感，多数举动都是循顺治旧制。如康熙初年王常月在南京、杭州等地传道，得到康熙的批准，王常月死后获康熙封"抱一高士"；第54代天师张继宗循例朝见，康熙封其为正一嗣教真人，并授光禄大夫。康熙特别重视道教对于政治的危害，在御批《资治通鉴》中，他写道：

> 天书之丑，人人得而非之，故今不复详其弊也。于时王钦若揣知帝意，故先以言怗之，继以欲投之，所以其言易入而其事易从也。然岂特钦若之可罪哉！当置真宗于首恶可也。乌有堂堂中国之主而甘为诪张为幻之小人邪？厥后徽宗有道君之称而父子相继殁于沙漠者，谓非真宗之作俑不可也。

所谓"天书之丑"是宋真宗导演的一场"天书下降"的闹剧:"大中祥符元年(1008)春正月乙丑,有黄帛曳左承天门南鸱尾上,守门卒涂荣告,有司以闻。上召群臣拜迎于朝元殿启封,号称天书。""天书"即"天文""真文",意为上天垂降的神文,预示宋真宗的统治获得上天的认可。宋徽宗登基后,大张旗鼓地推崇道教,新编60卷本《度人经》并自称"道君皇帝",在康熙看来,真宗与徽宗舍弃帝王的尊贵而"诪张为幻",应对各自的失政负责。

宋徽宗著《度人经符图》

对道教保持警惕,还有防范民间宗教的考量。明清鼎革之际,大量遗民和明军流勇与民间宗教、会社结合起来,以神道为名,行"反清复明"之实,清廷对此极为忌惮。如顺治三年(1646)下令:"凡师巫假降邪神，书符咒水，扶鸾祷圣，自号端公、太保、师婆名色，及妄称弥勒佛、白莲社、明尊教、白云宗等会，一应左道异端之术，或隐藏图像，烧香集众，夜聚晓散，佯修善事，煽惑人民，为首者绞监候，为从者各杖一百，流三千里。"康熙十二年（1673），清廷下令："议准无为、白莲、焚香、闻香、混元、龙元、洪阳、圆通、大乘等邪教，惑众聚会念经、执旗鸣金、聚众拈香者，通行八旗直省，严行禁饬，违者照例惩责。"康熙五十六年（1717），山东兰阳县李雪臣白莲教案发，意图聚众杀官，被当庭杖杀。雍正初年至雍正十一年（1733），江西省发生多起罗教教案，南昌爆发大乘教徒黄森官案，"纠党倡道，滋害地方"。其时对民间宗教和会社禁令极严，殃及道教。

顺治、康熙二帝对道教的态度如此，道教在宫廷失势也就不足为奇了。值得注意的是，明清交替，百废待兴，顺治、康熙二帝都注重用道家思想休养生息。顺治十三年（1656），大学士成克巩将顺治《御注道德经》刻板付梓，顺治此注注重去繁就简，还归日用。康熙也曾向臣工颁发《道德经》，令熟读深思。在康熙心中，黄老有可用之处，但道教没有，他指出："道法自然，为天地根，老氏之学，能养其根。流而成弊，刑名放荡。长生久视，语益惝恍。况神仙之杳渺，气历劫而难聚，纵日兮飞升，于世道乎奚补？慨秦汉之往事，求方药而何愚，用清净而获效。宁化美于皇初，养身寿人，儒者有道，保合太和，何取黄老？"

醉心炼丹的雍正帝

康熙六十一年（1722），康熙皇帝崩逝，皇位传于皇四子胤禛，即后来的雍正帝。不同于顺治与康熙,雍正在藩邸时就好与僧、道结交。现存雍正诗词中有几首与道门羽士唱和的诗即写就于藩邸时。康熙五十五年(1716),雍正的家臣戴铎赴福建任知府,向雍正报告了一则隐居武夷山的道士(一说即贾士芳)的逸事:戴铎向道士问雍正的前程,道士答复一个"万"字。"万"字的含义非常吉祥,雍正听言十分高兴。现存一组十二幅《胤禛行乐图》中有《乘槎升仙》一幅,描绘了雍正身着道装悠然自得的形貌,表达了雍正对道教的情感。不过,鉴于康熙本人极为忌惮民间宗教和民间的江湖术士,大皇子允禔又被告以巫术诅咒太子胤礽,雍正在藩邸时怕担污名,少与道士交。

雍正自幼心仪佛教,自号圆明居士。《御选语录》中写道:"朕少年时喜阅内典,惟慕有为佛事。"雍正倾心于佛教与康熙不无关系。康熙皇帝为怀柔藏、蒙,对喇嘛教特别优待,尤为尊崇达赖、班禅以及章嘉活佛等高僧,二世章嘉活佛更被视为近臣,自由出入大内。章嘉活佛好与康熙诸皇子交往,与胤禛即后来的雍正帝关系最为密切。康熙五十一年(1712),雍正到柏林禅寺坐禅,结识高僧迦陵性音,从此参禅打坐,妙悟禅机。在一次由迦陵性音主持的禅七中,雍正有了开悟经验,得到性音首肯,但自觉尚未通透,再参章嘉活佛。康熙五十二年(1713),雍正再次得到开悟体验,此时方得章嘉首肯。

雍正五年(1727),雍正在圆明园修建广育宫,专门奉祀碧霞元君。"广育"取广嗣之意。同年,第 55 代天师张锡麟入京朝觐,奉命礼斗,受到雍正款待,赐光禄大夫。张天师的近侍娄近垣(1689—1776)举止得体,颇有修养,擅长大梵斗科,深得雍正喜爱,雍正将其留京,专为皇室礼斗。

雍正修用道教,很大程度上是出于治病的需要。雍正八年(1730),雍正病重,药石不奏效,家臣戴铎向其推荐了道士贾士芳。

这位在正史中被蒙上"妖道"色彩的道士,很快为自己的轻佻付出了代价。雍正肯定了贾士芳医病的效果,但疑心贾士芳能够操控他的病情,因此一杀了之。

砍了贾士芳,娄近垣接手了雍正的诊治,方法是拜斗。养心殿西暖阁中建造了一座斗坛,斗坛即北斗众星之母——斗姆(母)之坛,尊称为"先天斗姆(母)大圣元君"。拜斗后,雍正的病情很快好转,娄近垣因此官封四品,授龙虎山提点,住持钦安殿。娄近垣侍奉雍正,谨小慎微,专务礼斗,不涉虚玄,尤其不犯皇帝的忌讳。恭亲王向其询问长生之术,娄近垣回答:"今日食烧猪,即绝好养生术,又奚必外求哉!"除了为雍正礼斗外,娄近垣也随雍正学禅,雍正十年(1732)《封娄近垣上谕》中称:"法官娄近垣……道法精通,行止端方……朕于闲暇召见之时,将禅宗妙旨开示提撕,近垣豁然觉悟,竟能直透重关,而于三教一源之理,更能贯彻,实近代玄门中所罕见者。"可见其深得雍正心意。

雍正十一年(1733),雍正专为娄近垣建造大光明殿,并封"妙正真人",让他开宗立派。娄近垣一支后称"正乙派"。娄近垣借雍正恩宠做了不少有利于道教发展的事,他把龙虎山的大小殿堂基本上都修缮了一遍,又编订《重修龙虎山志》,删订《黄箓科仪》《大梵斗科》等道教斋醮文本。大光明殿的法官们日用法衣、法器都由内务府苏州制造局配给。娄近垣的恩宠一直持续到乾隆朝,乾隆对其也十分信任,在贬斥张天师品秩的同时,仍保留了娄近垣三品的品秩,娄近垣逝世后,乾隆着令厚葬其于龙虎山。

除了用道士治病外,雍正对道教还有一种特殊的感受,那就是以禅宗的眼光来看待道教哲理。他将道教金丹南宗的祖师张伯端视作同道,把张伯端的一些语录收入《御选语录》中,指出:"紫阳真人所著

太常寺斗姆像

《悟真篇》,不特为道教真诠,即此外集,亦释门中最上一乘宗旨。……紫阳真人乃洞彻禅宗之渊微,提挈性天之纲领。朕心深为悦服。"因对张伯端的叹服,雍正有意修缮天台山桐柏宫。雍正九年(1731)八九月间,他给浙江总督李卫发了一道朱笔密谕,要求李卫寻访张伯端旧址。待李卫寻得后,雍正皇帝正式降旨拨款修缮天台山

《宫廷道场图轴》（现藏美国华盛顿密森尼学会弗利尔和沙可乐美术馆）

桐柏宫，差遣浙江粮道朱伦瀚督办。重修的桐柏宫于雍正十二年（1734）正月竣工，雍正皇帝亲赐"桐柏崇道观"和"万法圆通"匾额，并御制《道观碑文》。

雍正八年（1730），雍正生病，住圆明园养病，此间他开始组织人力设炉炼丹。从次年至其崩逝，《活计档》中对雍正炼丹的记录接连不断。据李国荣的研究，这一时期，雍正传旨进用煤192吨、炭42吨，此外还有大量的铁、铜、铅制器皿以及矿银、红铜、黑铅、硫黄等矿产品。据统计,自雍正八年(1730)十一月至雍正十三年(1735)八月的59个月内,共传用炼丹所需物品157次,平均每月两次半还多,地点基本都在圆明园内,由道士张太虚、王定乾等人负责。炼制出的丹药,雍正不但自己服用,还时常赐予大臣。雍正十三年八月九日,圆明园进黑铅200斤,八月二十一日雍正暴毙身亡,乾隆即刻处置了为雍正炼丹的道士,史学家猜测雍正是中毒而亡。

废用道教的乾隆帝

古代社会,宗教的兴衰往往取决于皇帝的好恶和政治考量。满族皇室主要信奉藏传佛教格鲁派和萨满教,雍正时期,二世章嘉活佛常驻京城弘法,雍正皇帝拜其为师。二世章嘉活佛圆寂后转世在青海省郭隆寺,由驻藏清军寻获后送至京城,雍正令三世章嘉陪同年幼的乾隆读书,二人遂成密友。乾隆对三世章嘉活佛信仰备至,乾隆九年(1744),下令将雍王府改为雍和宫,成为京城唯一的皇家喇嘛庙,由总理事务大臣管理,负责全国藏传佛教事务。乾隆十一年(1746),乾隆帝接受三世章嘉活佛灌顶,学习各种密法,将藏文佛教典籍翻译为中文和满文。

乾隆打击民间秘密宗教与结社也不遗余力。秘密宗教问题始终贯穿整个清代,清初秘密宗教与政治诉求结合,多以"反清复明"为口号,引得清廷极为警惕。乾隆时期,对教案处理极为严苛,反而促使秘密宗教加大了反抗朝廷的力度,如乾隆三十九年(1774)山东清水教起义,乾隆五十一年(1786)天地会爆发起义。这些民间秘密宗教引起了乾隆的极大震动,他对巫祝、压胜等宗教信仰形式绝无好感。

不同于康熙自视为程朱传人，雍正自恃为禅门宗匠，乾隆这位志得意满的年轻皇帝认为自己是文殊菩萨化身，是在世的"转轮圣王"，心中没有给道教留下任何间隙。他甫一登基，立刻下旨将宫中为雍正炼丹的道士们驱逐，仅留下娄近垣继续统理大光明殿。乾隆曾授署理大真人张昭麟本人为光禄大夫，恩封三代；授娄近垣通议大夫，容及祖、父。乾隆七年（1742），左都御史梅毂成上奏："臣思真人乃道家之流，祈禳驱邪，时有小验，仍而不革可也，假以礼貌可也。乃竟入朝班，俨然与七卿并列，殊于观瞻有碍。"乾隆决定不许正一真人加入朝臣班行，敕礼部定议。张天师自此三年一朝，而且不许在京城停留。乾隆十二年（1747），梅毂成再次上疏，奏请降正一真人为正五品秩。乾隆三十一年（1766），第57代天师张存义入觐，因祈雨有功，复晋升正三品，授通议大夫，但低于法官娄近垣。

对张天师及道教的态度，体现了清代儒、道之间的斗争，这种斗争终于聚焦在了神乐观的存续问题之上。有明一代，神乐观负责皇朝的祭祀、典礼等礼仪活动。乾隆八年（1743），乾隆对这一制度进行改革，神乐观降为神乐所，且不许道士主理。《清实录》载："天坛神乐观、显佑殿从前俱奉祀玄天上帝，仍旧供奉外，至所供天师、文昌等神，应行彻去，其神乐观庙额，请改为神乐所。得旨，改为神乐所。"神乐观走向终结，道教彻底断绝了在朝廷的上升途径。对于各地道观，乾隆刚登基即下令禁止各地方擅自兴造寺观神祠，乾隆八年再次下令禁止新建道观，只许对破损的旧观进行修缮。

乾隆治理道教的另一个重大举措是废除道教度牒。乾隆初期，乾隆帝认为僧、道深居寺观，易藏污纳垢，败坏风俗，也可能借寺观谋事，因此严格度牒制度。各地全真道士度牒由各地方宫颁发，各地正一除龙虎山由正一真人给付外，其余由各地颁发，重要的是，度牒需明确记录道士的年龄、籍贯等信息，方便管理。愿意出家者必须申领度牒，私自出家将被治罪。虽然经过严格审查，乾隆四年(1739)度牒仍下发达30余万张，乾隆对此极为不满，上谕道："盖未深知朕渐次裁减之本意，尔等可密寄信与各督抚，令其徐徐留心，使之日渐减少。"可见最终目的是使僧、道人数减少，同时，要求地方严加管理道士私自簪发及违规招徒的情况。这就导致有官方执照的道士越来越少。乾隆中后期，政局逐步稳定，乾隆逐渐放松了对僧、道的管理。乾隆三十九年(1774)上谕："第度牒不过相沿旧例，散给仍属具文，而稽查实虞烦扰，自以不办为妥，若防僧道滋事而设，未必有牒照者，悉能恪守清规，而犯法者，皆系私自簪剃。方今法纪森严，有犯必惩，更无庸为此鳃鳃过虑。"度牒制度被彻底废除。

小知识：乾隆治藏

虽然信仰藏传佛教，但乾隆皇帝将宗教与政治分得很清楚。乾隆御制《喇嘛说》指出："若我朝之兴黄教则大不然，盖以蒙古奉佛，最信喇嘛，不可不保护之，以为怀柔之道而已。"可见他尊崇藏传佛教也出于政治考量，即便对藏传佛教的信奉伴随了一生，但能信也能治。如乾隆五十六年(1791)廓尔喀叛乱，西藏遭到兵祸，朝廷征讨颇费了一番功夫，乾隆着令严加处理与此次兵祸有关的西藏贵族和喇嘛，将达扎济仲剥黄正法，将仲巴呼图克图等活佛一概押解至京问罪，且废止了夏马巴传系。

2　道脉的弘扬与发展

道教衙门的道官圈子

明代道官体制的设置

明洪武十五年(1382)始置道录司,设左、右正一二人(正六品),左、右演法二人(从六品),左、右至灵二人(正八品),左、右玄义二人(从八品)等道官,属礼部。这就为道士入朝为官提供了途径,明代用道士出任太常寺卿职位,为历朝罕见。各州道正司设道正一人,各县道会司设道会一人。道录司负责道内住持的选任,度牒的发放,定期汇总编制道士名籍册和天下宫观花册,上报礼部。道录司的道官一般需由张天师推荐,礼部及吏部勘议,皇帝亲自任命。

洪武十七年(1384),明太祖朱元璋取"朝拜上天""朝见天子"之意,下诏将治山西坊建筑赐名"朝天宫",使其成为演习朝见天子礼仪的地方。由于明代国家礼仪由道士主持,朝天宫逐步成为明王朝重要的道教宫观,与神乐观、洞神宫、灵济宫等造就了明代道教的兴盛之势。

神乐观是负责明朝国家祭祀典礼的礼仪机构,由道士兼任乐舞生,进行祭祀礼仪表演和音乐演奏。神乐观主持的各方祀坛,如"圜丘、方泽、祈谷、朝日、夕月、星宿、太庙、社稷、先农、孔子"等,同时具有政治和宗教双重意义。作为政治体制序列中一分子,乐舞生的宗教身份与政治身份紧密相连,故明皇室时常派遣神乐观道士诰、祭山川神祇,甚至是代天子致祭泰山,神乐观道士的宗教活动由此成为王朝政治生活的重要内容。

不论神乐观或朝天宫,获任道官必须擅长各种斋醮仪式,以达成皇室要求的超荐、祈福、祈雨、延生、求子、兴国等目的,因此,候选者对仪式的娴熟度及"神异灵感",是明廷选拔道官的首要考虑因素。史书中多记载获任道官"清净自守""与世无争"等,其私德也在朝廷考查范围。明季神乐观、道录司及太常寺的道士常相互调任,他们与江南正一道多有关联,成为正一道影响明代政教两界的重要力量。

道官们的"朋友圈"

明太祖整合道教:"道凡二等,曰全真,曰正一。"其他小派都需融入这两大宗,明代道教出现了北全真、南正一的区域特点。明都南京位于江南正一道范围,道录司主事大部分来自龙虎山、茅山、武当山,以及江苏、安徽等与正一道关系密切之地。如龙虎山系有周玄真、郭守源、蒋雷谷、傅同虚、胡守法等人;王宗旦出自茅山崇禧宫,洪武初年选作神乐观供祀,永乐年间参修《永乐大典》;茅山下泊宫的王文礼永乐间任南京神乐观天坛奉祀。值得注意的是广东罗浮山明福观道士徐子明，于洪武二十二年（1389）入职神乐观，永乐十年（1412）退任，供祀达20多年，南方偏远的正一道亦在朝廷视野之内。道官大都是正一道士，这与正一道擅长斋醮科仪、正一道圈子在朝廷拥有一定影响力有关。

鹤林先生周玄真

周玄真，明代嘉兴人，《姑苏志》记载："十二入紫虚观，从李太无为道士。太无，杜道坚弟子也。"李太无即李拱瑞，掌嘉兴紫虚观。杜道坚初以天庆观葛蒙庵为师，后入茅山阅《道藏》，受到茅山宗师蒋宗瑛赏识，授其茅山大洞经法箓，以道行高深蒙宋度宗赐号"辅教大师"。1276年元兵南渡，杜道坚冒死见淮南王巴延（即伯颜），劝元兵少杀戮，又随军往见元世祖，为时人所重。皇庆元年（1312），杜道坚住持杭州宗阳宫，受封"隆道冲真崇正真人"，一时尊荣，是宋元际著名道士。

周玄真除师事李太无外，还从曹谷神学灵宝经法，于步宗浩受五雷秘文。步宗浩乃莫月鼎三传弟子，明代李日华《六研斋二笔》载："（步宗浩）字进德，号云冈，早习儒书，中岁始慕道，从张雷师，于玄妙观得授碧潭斩勘之书，祈祷雨旸，呼召鸾鹤，咸在掌握，驱邪救患甚多灵迹，延祐间制授贞元微妙玄教法师。"

周玄真不但掌握了茅山宗、灵宝经法，也是正宗的雷法传人。洪武元年（1368）京师大旱，周玄真受召至神乐观求雨有应，此后又数度为朝廷祈雨；洪武十二年（1379），授领神乐观事。周玄真建有报恩道院，在其中筑来鹤轩，平日亦好与文人雅士交游。卒后安葬于莫月鼎墓旁，有《鹤林集》传世。

周玄真弟子郭守源，字本中，幼年"从张简学诗，慕周玄初之道，往事之，得其所秘。洪武初选居神乐观，授天坛奉祀。朝廷有大醮祠，辄敕守源副（辅）嗣天师蒇事，眷赐甚隆，永乐初擢道录司左至灵佐领天下玄教，住持朝天宫。及卒，皇太子制文谕祭"。

神乐观知观蒋雷谷

蒋雷谷，字同寿，元末明初江西贵溪人，以龙虎山洞观院高道练太素为师。练太素是由武当山投龙虎山的高道，可能兼有清微派传承。张宇初称赞他"学博而行端，居吾山二十余年，持践克笃，常静处一室，不与世接"，兼承武当、龙虎道法，道行深厚。

洪武初年，"制授（蒋雷谷）神乐观知观，寻升五都提点"，永乐初年，"还归龙虎山"。

蒋雷谷得度弟子有颜福渊、吴嗣育。吴嗣育生平不详，颜福渊为明宣德年间江西龙虎山洞观院道士。《汉天师世家》记载其于宣德九年（1434）陪同第45代天师张懋丞入京，颇受明宣宗赏识，授道录司左至灵。颜福渊入职道录司应与张懋丞有极大关系。此外，颜福渊与徐善渊一起重建了宁国府灵应观、真庆观等道观，两人交好。

左正一仙官傅同虚

傅同虚（1321—约1398），字虚堂，号同虚子，明初龙虎山崇元院道士，今江西金溪县人。傅同虚师从吴性安学洞玄法，尤精符咒科仪，以道法灵验著名。"洪武初授格神郎五音都提点，左正一仙官，主领神乐观事，掌天地坛，事卒赐祭葬。"

傅同虚洪武六年（1373）入京居朝天宫，"赋诗、讲《道德经》、修较道门斋科行于世，教燉且授教门讲师，祷雨雪复应，凡侍祠八年，宠眷有加"。洪武七年(1374)与宋宗真、赵允中、邓仲修、周玄真等编订《大明玄教立成斋醮仪范》。明太祖皇后马氏崩,傅同虚奉旨建黄箓大醮于紫金山。洪武十七年(1384)授洞玄文素贞靖法师、教门高士、龙虎山太上清正一万寿宫提举知宫。洪武十八年(1385),入职神乐观,二十八年(1395)退任,三十一年(1398)羽化。

傅同虚在道录司及神乐观枝节深厚,又与宋濂、朱孟辩等达官显贵多有交往,为明朝政教两界所倚重。

提点徐善渊及袁止安

《仁宗实录》记载:"永乐二十二年(1424)八月壬申,升神乐观提点徐善渊为太常寺少卿,改提点袁止安礼部主事。"

徐善渊详细史料不详,《苏州府志》指他在永乐间重建了苏州玄妙观,并于宣德七年(1432)重建了位于苏州城西北隅的清真观。他可能在苏州担任都纪道官,与苏州道教渊源甚深。徐善渊由神乐观提点升任太常寺少卿,可能与其礼乐工作突出有关。另杨士奇《东里集续集》记徐善渊与张天师的交往,同书有《送徐提点诗序》指出"皇上(永乐帝)稽古制治肇建北京","神乐观提点徐善渊恭承诏命率乐生三百人就道有日",暗示徐善渊可能是主持永乐十八年(1420)南京神乐观随迁北京的道官。同文中记录与徐善渊诗歌唱和者除杨士奇,尚有"春坊左庶子邹济""右中允宗人吴均""翰林修撰陈循""庶吉士曾泉""太常典簿周骥"等,徐善渊与这些达官显贵往来密切。

袁止安史料阙如,由《四库全书》中收杨士奇为袁上安赋的几首诗来看,袁止安擅书法、喜观竹,生性比较达观。

道官们的宫廷活动

除日常的攘灾斋醮外，皇朝若有战事发生，神乐观的道官有时会被派遣至泰山致祭。洪武二十八年（1395），广西龙州土官赵宗泰反叛，明太祖派都督杨文、副将军韩观领兵征讨，赵宗泰伏诛。平叛后，明太祖特以神乐观道士乐本然、国子监生王济前往泰山致祭。洪武三十年（1397），神乐观道士朱铎如、监生高禽代天子致祭泰山，依然是因为广西苗民的叛乱。派遣神乐观道士致祭，可能与明皇室认为道士擅长礼仪、可以通神有关，出于为政治服务的目的，其他由神乐观负责的祭祀活动也不外如此。

除致祭泰山外，道官也往祭天下神祇。洪武二十一年（1388）六月，"遣神乐观道士解性初祭云南境内山川"；建文四年（1402），周玄初奉祭北极真武大帝。据刘永华统计，除上述祭祀活动外，宣德七年（1432），明廷"遣神乐观乐舞生赍香币诣各处，命有司祭历代帝王陵寝"，正统二年（1437）、正统七年（1442）、正统十三年（1448）又派遣神乐观乐舞生祭祀山川河海之神及历代帝王陵寝，此后弘治朝、正德朝、嘉靖朝又数有祭祀。如"子午卯酉年秋传制遣乐舞生赍香帛祭各帝王陵寝"，秋祭时又在陈州、郑州、巩县、宁远县等处分别由乐舞生致祭各处帝陵。可见，神乐观道士代明廷往各地祭祀山川河岳，是明代官方惯有做法。

乐舞生和太常寺属员有时会因礼乐工作突出而获得升迁，官至礼部、工部大员，乃至尚书职位，升迁的次序为"乐舞生、赞礼郎、协律郎、太常寺丞、太常寺少卿、太常寺卿、礼部尚书"。如蒋守约"永乐初由乐舞生授赞礼郎，累官太常寺卿，升礼部尚书"，陈道瀛"嘉靖八年任，加升工部尚书"，金赞仁"嘉靖十年任，加升礼部侍郎",师宗记"嘉靖三十六年任加礼部右侍郎"。宪宗朝李希安、孝宗朝崔志瑞、世宗朝徐可成均由乐舞生升至尚书职。

道官与言官和儒臣的关系有时非常紧张。李希安于天顺元年（1457）任礼部尚书，成化四年（1468）遭到监察御史董子仁弹劾他不合礼制，董子仁下狱，李希安毫发无伤。成化六年（1470）正月，李希安上奏朝廷称有甘露降于松柏，"其凝如脂，其味如饴"，宪宗颇悦。此举再次引发言官特别是儒臣的反感，言官指责李希安妄言祥瑞，请朝廷罢免之，朝廷不纳。其后山东地方发生大旱，谷物绝收，宪宗又派遣李希安祭告岱岳，可见因皇帝宠信，李希安始终未被言官参倒。同样情况也发生在孝宗朝。《万历野获编》云："孝宗末年，道士崔志端掌太常，带衔为礼部尚书。"按旧例皇帝经筵六卿陪学，而儒臣以道流不同孔孟，不应随扈为由请罢崔志端陪学，孝宗准许。嘉靖朝任礼部尚书的徐可成属"严党"，严嵩属意胡奎为徐可成谋官，遭到给事中梅守德弹劾，"嵩深疾之，出为绍兴知府，累迁云南参政"。明代道士与言官及清流、阉党之关系颇值得探索。

周思得服务五朝

明初，浙江钱塘人周思得（1359—1451）供职京师显灵宫、朝天宫，服务成、仁、宣、英、景等五朝，深受皇帝信任，显赫一时。

据《新搜神记·神考》记载："永乐中，道士周思得行灵官法，知祸福，先文皇帝数试之，无爽也。"周思得可以附体招神，"招弭祓除，神鬼示魅，逆时雨，禬灾兵，远罪疾"，十分灵验，因此朱棣为其在紫禁城西边建造天将庙及祖师殿，祭祀萨守坚和王灵官，里面塑二十六天将，以王灵官为首。不久，朱棣自东海得到了一个传世的灵官藤像,"崇礼朝夕,对如宾客"。藤像分量很轻,朱棣每次出征都随身携带,据说每战必胜。朱棣第五次出征漠北到金川地界时,藤像突然抬不动,朱棣祝祷,周思得附体曰:"上帝有界,止此也。"朱棣突然病重,病逝于返京归途。明清笔记小说中有不少这类记载,可见周思得在民间有一定的影响力。

周思得的师承与生平信息散见各史籍与笔记小说中。永乐朝,周思得执掌灵官庙并入职道录司。《西湖游览志》称:"皇明永乐间道士周思得者,仁和人,操行雅洁,精五雷法。成祖闻其名,召试称旨,建天将庙居之,扈从北征累着功绩。"《名臣经济录》称其以"灵官之法显于京师"。周思得擅长灵宝斋醮,行林灵真雷法,其灵官法是尊萨天师及王灵官的道术。《博物汇编·神仙部》载其"少颖悟,从四十三代天师张宇初读道家书",可知其师是天师张宇初。《西湖游览志》又称"有异人号赤脚张亦寓观中与思得友善",可能他与赤脚张也有所交往。按《博物汇编神仙部》所载,赤脚张是元末人,又曾于明洪武间在凤阳南华观炼丹九年,有人认为赤脚张即张三丰,但道门以"赤脚""蓬头"为道人别称,故是否为张三丰并不确定。

明宣宗宣德年间,天将庙升格为大德观,成为专门服务皇室的道场,因此明徐有贞《赠太常博士顾惟谨序》说:"大德之祠,国之秘祠也。永乐中,今高士周君思德,始以道术幸上,兴祠事。"杨震宗《上清灵宝济度大成金书·后序》指出:"(大德观)规模宏大,像设尊严,金碧辉映,俨若清都紫府,实为京师之伟观也。"明宪宗成化十八年(1482),大德观经扩建并改名为显灵宫,在宣宗、英宗、代宗、宪宗朝成为国家斋醮之法坛、皇家宫观。

周思得在显灵宫主持时,主要使用斋醮科仪《上清灵宝济度大成金书》。此书由林灵真汇编,周思得重印。《大成金书序》指出,此书是周思得"访求演法吴公大节，提点杨公震宗，复得真集，间尝窃附己意，补其散失，订其讹谬，参以简箓，佐以符章"而成。吴大节出自南昌玄妙观，有净明道背景，永乐十七年（1419）任道录司左至灵，主管洪恩灵济宫，后陆续升迁至道录司左正一，兼朝天宫住持，领天下道教。"杨公震宗"即宣德年间任神乐观提点的杨震宗。《大成金书》编订后，周思得遣其徒清"览而正之"，也从侧面说明杨震宗通灵宝道法。鉴于《上清灵宝济度大成金书》是周思得传承的灵宝东华派的重要典籍，杨震宗对此书及相关道法的传承应有贡献。

明英宗正统十年（1445），周思得告老还乡，但未获英宗批准，《宛署杂记》"太清观"条说："正统十二年（1447），朝天宫住持周思得创。"说明此时周思得还活跃在政教两界。明代宗景泰元年（1450），周思得再请告老还山，终获准许，退隐杭州玄元庵，此时周思得已经92岁，一年后即羽化于玄元庵，享年93岁，葬于杭州八盘岭。玄元庵因周思得庇护，成化年间升格为宝极观。

列仙之儒——张宇初

明代近300年的历史，经历了第39代至第51代天师，其中第43代天师张宇初（？—1410）被尊为"列仙之儒"，"博学能文，为张继先以来正一天师中唯一有才华者"，学识素养在历代天师中首屈一指。据明张国祥续补《汉天师世家》记载，张宇初"其目双瞳，面交二斗"，喜好读书，过目不忘，尤其擅长诗词歌赋，"其诗之冲邃而幽远，文之敷腴而典雅，读之使人健羡不暇"，遗著《岘泉集》中的唱和者，留下姓名的王公士绅有30多人，颇为时人敬重。张宇初自己总结道："余年未冠，知嗜学，有志儒，先君子之言，凡《诗》《书》六艺之文,悉尝记诵之。甫长,自揆于文章家未之尽究,凡通都大邑,以学行着于时,谓之先生长者,又从之游。于是经史子氏之书,逮老释之文,皮置日众,然后会其指归,反身而诚,乃知皆备于我也。""皆备于我"透出浓重的陆(九渊)学色彩,这与张宇初的师承有关,陆九渊之学经陈苑、夏衍传至张宇初,陈、夏均为陆学"静明宝峰学派"传人。

张宇初像

洪武十三年(1380),张宇初出任第43代天师,明太祖和明成祖曾多次召见。洪武十七年(1384),张宇初奉诏于紫金山建玉箓大醮。洪武十九年(1386),张宇初奉命祈雨于神乐观,赐"正一玄坛之印",此后数度征召入京。洪武朝中后期,京城的政治气氛陡然紧张,洪武十三年爆发胡惟庸案,接踵而至的还有"空印案""郭桓案""蓝玉案",朱元璋先后处决数万人,肃杀之气回荡于京城,令张宇初渴慕乡间林下的悠然之乐。洪武二十四年(1391)底从京师返回龙虎山后,张宇初便在黄箬峰下筑岘泉精舍,远离政治,日夜唱和,弹琴作对,纵情于山水之间,但这样也未能令他脱离即将到来的政治旋涡。

建文帝登基后,任用齐泰为兵部尚书,黄子澄为太常寺卿,方孝孺为翰林院侍讲,推行新政,对佛、道二教的管理较为严厉。一方面,提高出家的年限,"非奉朝命,不许私窃簪剃。年未五十者,不许为尼及女冠";另一方面,建文帝推行的土地改革损及佛、道二教的利益。他曾下达谕旨,限定每名僧、道只可限五亩地免除税负,其余不得豁免。明初藩王多信道教,与道士往来密切,张天师很难置身事外,容易引起建文帝和谋臣们的猜忌。不久朝中爆发舆论,称其"居乡恣肆","数有言其过者",张宇初"坐不法,夺印诰",被收回印玺,圈禁在乡。

明成祖朱棣登基后,很快恢复了张宇初的品秩,召其进京负责宫廷斋醮。元世祖崇佛排道,至元十八年(1281)诏令毁坏除《道德经》外其他道经,7800余卷的《玄都宝藏》刻板被全部毁坏,元代以前的道经大量失落,道教遭遇浩劫。元明易鼎,成祖继位后,重编《道藏》的计划摆上了朱棣的案头。永乐四年(1406)起,由张宇初牵头,广集天下道经,同时筹划编修《道藏》。张宇初写道:"永乐四年夏,伏蒙圣恩,委以纂修道典,入阁通类。切念臣宇初匪材凉德,学识浅陋,忝窃是俱,徒承乏于遗宗,曷负胜于重任。然虽抚恭愧栗,诏命莫辞,两承敕旨之颁,时蒙宣室之问。"张宇初精心编撰,日夜操劳,勘定了新修《道藏》的基本架构和收录范围,《道藏》一直编修至正统十年(1445)才完工。永乐四年张宇初羽化,四年后其弟张宇清为其奏请谥号"崇谦守静"。

张宇初著作等身,有《岘泉集》十二卷,《道门十规》一卷,《元始无量度人上品妙经通义》四卷,并辑录《三十代天师虚靖真君语录》七卷等。《道门十规》体现了张宇初对道教发展的深度思考。元明以来,正一道广受朝廷优待,张天师总领三山符箓,掌天下道教事,朝廷设道录司、神乐观等道教衙门,道士有了影响政治的"终南捷径"。看多了各色人物的"潮起潮落",张宇初对道教的未来极为担忧,他指出:"吾道自近代以来,玄纲日坠,道化莫敷,实丧名存,领衰裘委。"从"道教源派""道门经录""坐圜守静""斋法行持""道法传绪""住持领袖""云水参访""立观度人""金谷田粮""宫观修葺"等角度为道教的整肃开出药方,根本上,是要求道士们清虚自守,莫贪权、腐败,莫以左道惑主,常怀振迪之思。张宇初的告诫振聋发聩,古代王朝里能得善终的道士,多循此诫。

小知识:编修《道藏》

《道藏》一般是指明代按照体例编修的《正统道藏》和《万历续道藏》的总称。编修道教经书的举动可能起于南朝的陆修静,泰始七年(471),他将收录的 1228 卷道经合编为《三洞经书目录》,其后北周玄都观编修的《玄都经目》共收书 2040 卷。唐玄宗开元年间(713—741),史崇玄等 40 余人编修《一切道经音义》,后再经增修,总名《开元道藏》,按照三洞体例共 3744 卷,可惜五代时散佚。宋真宗将搜集的 4359 卷道经编成《天宫宝藏》,后经宋徽宗增补至 5481 卷,编成《政和万寿道藏》,金世宗对之又有增添。至元朝时,元统治者将汉代至宋代道经 7800 卷编为《玄都宝藏》,可惜于至元十八年(1281)因全真教与喇嘛教辩论失利而遭彻底焚毁。明代以元焚残缺并新搜道书编成《正统道藏》,仅存5485卷,共6000多万字。1999年,敦煌所保留的早期道经被编成《敦煌道藏》五册出版,半数是《正统道藏》失载道经。

刘渊然及其弟子

刘渊然(1351—1432),号体玄子,江西赣县(今赣州市赣县区)人,幼年于赣县祥符宫出家为道士。《明一统志》记载,其师从净明道第4代掌教、江西雩都紫阳观观主赵原阳(宜真)。据说赵原阳见到刘渊然时十分喜悦,说:"此子形全神清,真良器也,吾法嗣无过此。"将其携归金精山,授诸阶玄秘,又授以玉清、社令、烈雷、玉宸、黄箓以及金火返还大丹之法诀。20余岁时,刘渊然上龙虎山拜见天师张正常,彻谈三昼夜,得天师真传,回观后,多以忠、孝传道,暗合朱元璋三教之说,为时人所重。很快,刘渊然的声名传至京师,洪武二十六年(1393),朱元璋上谕召至朝天宫,试刘渊然的道术有验,赐称"高道",升道录司右正一。刘渊然在京师建立灵济宫、神岳宫,传授弟子,声名日盛。

永乐初,刘渊然随朱棣迁都北京,很快便任道录司左正一。刘渊然性较淡漠,不涉是非,《明史》云:"渊然有道术,为人清静自守,故为累朝所礼。"永乐前期,刘渊然主持金箓斋醮,但在永乐中期突因"得罪权贵",先被谪贬龙虎山,后远避云南。《明史》记载:"(张宇初)与渊然不协,相诋讦。"刘渊然被谪贬是否与张宇初有关,史料未详,但将刘渊然贬谪至张天师住持的龙虎山,使人怀疑张、刘二

昆明龙泉观

刘渊然书"真武大帝符"(仿品)

人是否真有矛盾。有学者推测刘渊然被贬是假,暗自为朱棣寻访建文帝是真。

刘渊然对云南道教的发展起了跨时代的作用。刘渊然精通医术,注重内修金丹,擅长符箓道术,他将所学融会贯通,在云南开创了全真教长春派,时在永乐十九年(1421)。"仁宗立,赐号长春真人,给二品印诰,与正一真人等。宣德初,进大真人。"刘渊然被封为长春真人,品秩与张天师相同,借此,刘渊然奏请仁宗皇帝将昆明真武祠更名为"真庆观",龙泉道院改为龙泉观。宣德时,刘渊然又奏请"立云南、大理、金齿三道纪司以植其教",云南道教归入道录司管辖。

宣德七年(1432),刘渊然乞归南京,住朝天宫,不久便羽化,享年82岁。据说羽化后7天才入殓,端坐如生。

北京东岳庙

刘渊然的主要后学是邵以正与三传弟子胡守法。邵以正(?—1462),祖籍苏州,洪武时举家迁昆明。据《明史稿》记载,邵以正自

北京东岳庙

幼聪颖，师从高道王云松。刘渊然被流放至云南时，邵以正往而从之，勤勉学道，深受刘渊然器重。刘渊然被召回京时，邵以正陪同，授道录司左玄义之职，从此飞黄腾达，进入明廷设置的道教权力中枢。邵以正与其师刘渊然一样性情淡泊，不趋炎附势，为时人所重，很快便接替刘渊然成为道门领袖。朝廷有重大的修建、祈禳活动等均由邵以正主持。

胡守法（1415—1491），明嘉定人，字浩然，号充庵，一号纯和子。少年因病入道，师从嘉定集仙宫提点孙应元之徒陆炼师，后又从邵以正学道术，经"龙虎山张真人之举住持城南东岳庙，寻从诏旨偕天下高道校道藏经"，在胡濙的举荐下任神乐观提点。天顺元年（1457），调任道录司任左演法兼朝天宫住持。成化九年（1473）升左正一，次年被封为"志玄守静清虚高士"，不久又被封为"冲虚静默悟法崇道凝诚衍范显教真人"。弘治元年（1488），"宣授右正一，命掌道录事"。

作为刘渊然三传弟子的胡守法，却由张天师推举为东岳庙主持，说明他与张天师交情很深。胡濙推荐胡守法任神乐观提点时，邵以正正主持道录司。胡濙曾助张宇初获朝廷加封"崇谦守静"，又多次为张天师派系和刘渊然派系在朝廷斡旋，他和胡守法可能是缓和刘、张两派的关键人物。从后来第46代天师张元吉出面举荐邵以正，英宗恢复了邵以正的真人号，以及《重修龙虎山志》特为刘渊然等立传来看，刘、张两派人马的"不协"在邵以正羽化前似已消失。

王常月振兴龙门律宗

金世宗大定十年（1170），携弟子马丹阳等人外出传教的王重阳

(1112—1170),在折返关中时路过开封,深感体力不支,无法继续前行,不久羽化于该地。羽化前,他以马丹阳为继承人,指示号称"七真"的七位弟子传播全真教。以山东宁海州、登州和莱州等先后成立的传教组织"三州五会"为基础,全真教迅速传遍中国的北方,围绕着"七真"而形成的各自独立的师友圈成为全真教的分支。丘处机曾隐修陇州龙门(今宝鸡)山,其弟子后学称"龙门派"。全真教尊东华帝君、钟离权、吕洞宾、刘海蟾为祖师,提倡儒、释、道三教合一,三教同源,以佛教的《般若心经》、儒教的《孝经》、道教的《道德经》和《清净经》为主要经典,实行出家制度,讲求戒律,以修心炼性为第一要务,不追求肉体长生,不重符箓法术,与正一派迥然有异。

全真教的传播受到金朝统治者的支持。王重阳羽化后,门人弟子如丘处机曾多次应金朝统治者之邀至宫内举行法事,如大定二十八年(1188)进京举行万春节法事。金章宗曾赐《玄都宝藏》给丘处机的栖霞太虚观。金宣宗贞祐二年(1214),丘处机应朝廷之请往山东登川、宁海州调停农民起义,朝廷赐号"自然应化弘教大师"。但此后,丘处机逐渐远离金廷,不愿参与到宋、金争斗中,对双方的征召坚辞不就。

元太祖十五年(1220),73岁高龄的丘处机偕弟子一行徒步万里到兴都库什山觐见成吉思汗,向成吉思汗请求少杀戮,获得应允,据称元、金大战中,丘处机"使其徒持牒招求于战伐之余",元兵见牒牌而不入,挽救千万性命,史称"一言止杀"。与元廷的关系使丘处机和全真教的声望达到了顶峰,第18任全真教掌教完颜德明即女真人,因此元、明易鼎之后,明朝的统治者们刻意忽略了全真教,甚至丘处机的埋身处白云观也由正一道管理。

一 极盛而衰:明清道教的存续

直到清初，全真教出了一个王常月，影响力才逐步扩大。王常月生年不详，当在明末乱世之时，于王屋山拜龙门派律师赵复阳为师。赵复阳为其授戒律，命名常月，但不倡金丹火符之说，仅嘱咐道："成道甚易，然亦甚难。必以苦行为先，种种外务，切须扫除。依律精持，潜心教典，体《道德》自然之元奥，探《南华》活泼之真机，方为稳当。"王常月谨遵师说，遍游名山大川，访仙问道，因其操持甚严，渐有声名。顺治十二年（1655），王常月至北京参访白云观丘处机遗蜕。白云观遭战乱摧毁，仅有一俞姓居士看管，于是王常月移居白云观就任方丈，开始弘扬全真教，特别是龙门律宗。

顺治十三年（1656），王常月在白云观开坛传戒三次，三次得顺治帝赐予紫衣。王常月所传戒法分"初真""中极""天仙"三等，亦称"三堂大戒"，为全真教传戒定下规制。康熙二年（1663），王常月率弟子詹守春、邵守善等南下至正一道的范围，在南京、杭州、湖州和武当山等地开坛授戒。明、清易鼎之时，大批儒生和抗清义士如傅山等，为抵抗"剃发令"而加入全真教，史称"逃道"。王常月在南方传教，纳入大量"逃道"人士。

王常月于康熙二年（1663）在南京传戒时的演讲内容，后被弟子辑录为《龙门心法》，道光年间新编新刻后更名为《碧苑坛经》，以遵循伦理、倡发道德为成就仙道之基础，大倡戒、定、慧之学，不追求肉体的长生，不讲炼精化气，也不尚符箓道士，讲求发明真性，开悟本心，反而颇类儒家、佛教，大有三教合一之风。

康熙十九年（1680），王常月卒，敕赠"抱一高士"。王常月所收弟子，学而有成者极多，如：顺治十六年（1659）皈依王常月门下的印度人鸡足道者，融合龙门派与佛教密宗创立西竺心宗；黄虚堂在苏州创太微律院；盛青涯在余杭创天柱观支派；吕云隐传戒于苏州冠

王常月像

山；陶靖庵在湖州金盖山创云巢支派。全真教还传到辽东、西南，以及河南、山西、甘肃甚至新疆等地。王常月的传戒弘教活动影响甚大，此后龙门派传遍道教，有所谓"龙门半天下"之说。

乾隆朝后，道教进一步退出宫廷，由官方推动的道教宣教活动陷于停滞，但民间传道、传戒活动并未停止。如南阳玄妙观经由北京白云观第17代传戒律师张教智的传承，在1910年、1911年、1919年及1936年均举行过全真传戒，在近代成为与北京白云观、沈阳太清宫、济宁长清观等肩齐名的全真丛林宫观。光绪年间，全真教经由内官（太监）向宫廷传播。同治九年（1870），慈禧太后生母寄灵白云观，内官刘多生陪同慈禧至白云观，并于此时皈依白云观第19代方丈张圆璿，自此虔诚学道，加入龙门派专为内官建立的龙门岔派霍山派，清末内官多加入此派。光绪二十年（1894）万寿庆典时，刘多生被赏三品顶戴，惠及三代。

清末民初的转型尝试

传度授箓是正一道发展新道士的方式，只有从龙虎山张天师处受箓，才被认为获得了正式的正一道士身份。第53代天师张洪任（？—1660）编撰有《天坛玉格》，对授箓的程序、箓职等作了明确规定，但乾隆四年（1739）上谕："禁止道官（按指龙虎山提点司道官）差法员潜往各省考选道士及开坛传度受箓，犯者照违禁例治罪。"张天师及张天师所差遣的法官均被禁止到各省授箓，违者连同张天师一起治罪。这条政令的执行非常成功，各地因得不到张天师授箓，箓职发生错乱，龙虎山的财源也因此受到极大影响。在朝廷管制之下，正一道很难出现名震一时、德才兼备的高道，人才培养与教团的发展陷于停滞，靠买卖符箓、为人作斋打醮、操作各种宗教仪式以资生活之用。

相对于正一道发展的停滞，全真教在各地进行了一定成效的发展。同治十三年（1874），沈阳道士葛月清（1854—1934）前往北京白云观，从全真龙门派第19代律师张宗璿接受天仙大戒，因操守极严饱受赞誉。光绪三十年（1904），葛月清任沈阳太清宫监院，开办"粹通学校"，招收学道的学生。1914年及1921年，葛月清在太清宫传戒，得戒者700余人，颇具影响。

约与葛月清同时，湖北武当山的徐本善（1860—1932）任武当山全山总道长。就任期间，徐本善对武当道教进行清整，不但制定道规，严恪戒律，还在武当太和宫开办学堂，开放紫霄宫为十方丛林。

江浙地方全真教的领袖是李理山（1873—?），他出家于杭州玉皇山福星观，该观是全真教在江南五省（苏、浙、皖、赣、闽）的第一座子孙丛林，民国八年（1919）李理山被推为方丈。1937年，日寇入侵杭州，李理山改造玉皇山，收容7000人次左右的难民藏身于此，为道教争得极大声誉。

但正一与全真的努力都是破碎的，无法有效挽救道教的颓势。鸦片战争后，国门洞开，西学东渐，出现"赛先生""德先生""科玄论战""五四运动"等几次思想界的争锋，道教因被视作封建、落后、迷信的代表而饱受批评。1911年，辛亥革命爆发，国民政府取消了张天师的真人封号，道教中一些有识之士意图效法西方的教会，成立统一的道教组织以应对乱世。1912年，传教士李提摩太与梅殿华等人在上海筹建世界宗教会，邀请第62代天师张元旭参加。同年6月，张元旭赴沪，"中央道教总会""中华民国道教总会"先后在北京、上海建立起来。前者主要以北方的全真道为主，后者则是龙虎山正一道企图重建权威的全国统一性组织。但两个总会既缺乏官方支

一 极盛而衰：明清道教的存续 | 55

持,又无力统一分裂的道教,因此二者的成立无任何实质成效。

1925年,张元旭羽化于上海,其子张恩溥继位,道教界寄希望于张恩溥与杭州李理山联合成立统一的道教组织,然无任何进展。1928年,《神祠存废标准》公布,大量道观被捣毁,或被改为学校、机关、军营,道教组织受到重创。国民政府及抗战时期,张恩溥往来上海与权贵相交,同时也与民间火居道士和民间宗教有一定往来。1945年抗战胜利,张恩溥在苏州、无锡两地举行超荐抗日阵亡将士、祈祷世界和平大醮,义卖法物,赈灾救饥。

抗战时期的张恩溥(一排中)

清中后期乃至民国,道教在哲学、教理教义等方面缺乏建树,但在"千年未有之大变革"的冲击之下,仍涌现出几位"睁眼看世界"的人物。

第一位是郑观应(1842—1921),中国近代最早具有完整维新思想体系的理论家。他醉心于道教,博览群书,四处求师访道,对道教的价值与弊端有着清晰的认识。他在实业之余,整理批注了不少丹经道书。

第二位是陈撄宁(1880—1969)。他早年考入左宗棠在安庆开办的安徽高等政法学堂,1908年,开始四处游历,此间学习道教基本的养生方法和西医。1912至1914年,陈撄宁在上海白云观通读《道藏》,对道教深有领会,渐渐发现道教的各种弊端。时值乱世,陈撄宁在上海先后创办《仙学月报》与《扬善半月刊》及仙学院,提倡"仙学救国"。

上海白云观

第三位是萧天石(1909—1986)。他早年从戎，1936年弃武从文，在南京创办东海书店。1942年，萧天石积劳成疾，四处求医，次年随南怀瑾四处访道，疗疾有效，从此一心从事道学研究，遂成一代"新道学"的开创人物，留有《道德经圣解》《道家养生学概要》《道海玄微》《人生内圣修养心法》《大学中庸贯义》《禅宗心法》等著作。晚年经营"自由出版社"，专营道教经典校本。

从通过申请全国性的组织、游走于权贵之间，到通过撰著宣扬道学、回应社会思想的大变革，清末民初，道教从多个角度尝试转变和发展。在传统社会，道教被统治者视为一种政治力量而给予支持，传统的政治格局被破坏后，道教作为官民之间的调节力量难以发挥作用，道教通过争取上层人士和权贵来发展自身的策略已经难以奏效。近代中国的变局是整个传统社会的变革，道教的颓势是它无法适应现代社会转型的结果。道教只有统合自身的优势，找准社会定位，才能继续良好地发展下去，这也是至今摆在研究者和教界面前的课题。

3　神明与明清社会

魏晋时期,道教的神学、信仰体系逐步完备,天师道、太平道、上清、灵宝等道派逐渐统合。随着神仙世界的不断壮大和修仙方式的多样化,一些高道尝试对道教崇拜的神仙仙人排定阶层。如东晋高道葛洪认为仙有三等:"上士举形升虚,谓之天仙;中士游之名山,谓之地仙;下士先死后蜕,谓之尸解仙。"南朝高道陆修静指出:"起自凡夫,积行成道,始化曰仙,仙化成真,真化成圣。"出自同期的道经《开天龙跷经》《太真科》则更详细地将"仙、真、圣"分为"小乘'仙'、中乘'真'、大乘'圣'"等三阶九品二十七个等级。陶弘景编订的《真灵位业图》尝试为700多位神灵排定次序,道教的神灵世界变成了一个科层制的行政机构。北宋时期,宋徽宗对包括玉皇大帝内在的诸多神灵进行册封,道教的神灵世界完全成为世俗官僚体系的反映,形成了一个以三清及玉皇大帝为核心的权力秩序。玉皇大帝相当于世俗的皇帝,其他神灵和仙人则按照品级辅佐玉皇大帝,一如世俗朝廷,神明的职能性得到强化。

明清时期，商品经济得到极大发展，农业和手工业的产业规模不断扩大，商品产量的增加和多样化促使专门性的商会和行会大量涌现。商人们为了谋求发展，或结交官府，或自建商帮和会馆，对行业进行垄断。同时，为了有效凝聚人心，商会纷纷攀附各地民俗文化中的神明，如关帝、妈祖、财神；以及各地的地方神，如江西商会拜许逊，济宁人拜谢绪，潮州人拜韩愈，四川人拜梓潼文昌，徽商拜朱熹等。许多贤明圣哲被供奉，视为神明，享受人间香火。清代，晋商在商业上的影响力倍增，原本作为晋商乡土神的关帝成为商人们普遍信奉的财神，文昌帝君则随着四川人的迁徙路径而遍及全国，地方神明随着商会的影响超出本地。出于政治考量，皇权会通过册封的形式对流传已广的民间信仰进行认可，较少予以打击。政治秩序、商业文化和民俗文化等元素的相互交织，深刻影响了明清道教与世俗社会的相互关系，神明越来越世俗化、功能化，其"兴衰"与民众的取舍息息相通，神明的职责服务于民众的心理需求。

碧霞元君的神格演变

2008年，当北京正在加紧奥运场馆建设，迎接即将到来的奥运盛会时，一则新闻引发了社交媒体的热议——为保护始建于明宣德年间、重修于清乾隆年间的北顶娘娘庙，拟建于此处的国家游泳中心向北移动了100多米，使这座历史遗迹得以完好保存，此举受到社会各界一致好评。所谓"北顶娘娘"，代指碧霞元君，清末震钧在《天咫偶闻》中说："盖北方多山，庙必在山极顶，因连类而及，谓庙亦曰顶。"明代北京曾建5座碧霞元君庙，分别是东顶、西顶、南顶、北顶和中顶。

北京白云观碧霞元君

碧霞元君，或称"天仙玉女碧霞元君"，民间称"泰山娘娘""泰山（老）奶奶""泰山老母""泰山圣母""万山奶奶"等。从历史来看，碧霞元君信仰主要兴盛于明清，自泰山传出后很快遍布华北、东北，碧霞元君与流传于南方的妈祖并列成为道教最重要和最为流行的两位女神之一。碧霞元君信仰对民间文化与风俗产生了巨大影响，尤其受到女性和社会下层人士的追捧。据不完全统计，现今各省仍留存有1000余座碧霞元君庙。

碧霞元君的来历有着不同的说法。明以前的史籍多处记载泰山存在玉女（女神）信仰。如曹操曾赋诗："行四海外，东到泰山。仙人玉女，下来遨游。骖驾六龙饮玉浆。"曹植也曾歌咏泰山玉女的形象：

"灵鳌戴方丈，神岳俨嵯峨。仙人翔其隅，玉女戏其阿。"李白游泰山时，曾幻想泰山的玉女偕他一起仙游："玉女四五人，飘飖下九垓。含笑引素手，遗我流霞杯。"这些诗句暗示，泰山玉女信仰的存在有着更古老的神话渊源，至少可追溯至秦汉。

碧霞元君首次受到朝廷关注可能在宋真宗时期。大中祥符初年，宋真宗前往泰山封禅时，还看到损坏的玉女神像。马端临在《文献通考》中提到："泰山玉女池在太平顶，池侧有石像。泉源素壅而浊，东封先营顿置，泉忽湍涌。上徙升山，其流自广，清泠可鉴，味甚甘美。经度制置使王钦若请浚治之。像颇摧折，诏皇城使刘承珪易以玉石。既成，上与近臣临观，遣使砻石为龛，奉置旧所，令钦若致祭，上为作记。"记今不存。

清晨，泰山顶上的阳光透过云气的折射，会形成一种绚丽的碧绿色光晕，汉代文献《五岳真形图》将之描述为"东岳太山戴苍碧七称之冠"。经文人墨客的歌咏传唱，泰山这种奇景被称为"碧霞宝光"，给泰山的灵异更增添一分色彩。宋真宗莅临玉女泉，可能即在观瞻碧霞宝光后至玉女泉休憩。有说法认为，宋真宗在此时敕建了"玉女祠"，并将玉女敕封为"碧霞元君"。宋哲宗时期，复建玉女祠，其后宋宗室和金宗室均曾向玉女致祭。

进入明代，碧霞元君再次受到皇室的瞩目，正德二年（1507），皇帝朱厚照差遣心腹前往泰山祭祀碧霞元君，"敬祈圣力，永佑康宁""益张灵应，福佑家邦"。正德皇帝没有特别向碧霞元君祈嗣，而是祈祷镇世护国，其后弘治、嘉靖时期，朝廷也不断差人致祭元君，祈求国泰民安。皇帝的这种态度，加上有明一代崇道的浓郁风气，道教界迎合上意，迅速造作了两部道经：《太上老君说天仙玉女碧霞元君护世弘济妙经》，将玉女视作西天斗母元气所化，修道于泰山，证"弘济真人";《碧霞元君护国庇民普济保生妙经》，则谓玉女为太一青玄化身，降临泰山掌握岳兵，能护国安民。

东岳大帝高高在上的帝王形象不易为平民亲近，阴柔的女性形象更容易被人接受。为处理东岳大帝与碧霞元君的关系，民间将碧霞元君视作东岳大帝的女儿，称为"泰山奶奶"。元人秦子晋所撰《新编连相搜神广记》记载："帝一女：玉女大仙，即岱岳太平顶玉仙娘娘也。"经由皇室和道教界的"认可"，民间完全接受了碧霞元君信仰，碧霞元君祠大量兴建，东岳碧霞宫也被修筑得"琼宫银阙，连岭披麓，丹青金碧，掩映云霄"，"灵验""感应"故事四处传布。明代王锡爵撰《东岳碧霞宫碑》对这些"灵验"有所总结："元君能为众生造福如其愿，贫者愿富，疾者愿安，耕者愿岁，贾者愿息，祈生者愿年，未子者愿嗣，子为亲愿，弟为兄愿，亲戚交厚，靡不相交愿，而神亦靡诚弗应。"为更突出碧霞元君保育护生的功能性，人们为她配上送子娘娘、催生娘娘、眼光娘娘、天花娘娘等4位娘娘，服务于人们传宗接代的需求。由于民间相信婚姻、生育与狐仙、狐媚有一定关系，在《醒世姻缘传》《子不语》等明清小说中，碧霞元君统领和掌控天下狐仙，以狐仙为侍者。

在碧霞元君功能性的强烈感召下，民间形成了在农历四月十八碧霞元君诞辰及九月九日重阳节，从四面八方赶来泰山朝圣的习俗。"自碧霞宫兴，而世之香火东岳者，咸奔走元君，近数百里，远数千里，每岁办香岳顶者数十万众"，香会如云，朝拜者如织。朝山香会的组织构成非常严密，一社有几十人至几百人不等，少则有一个香头领导，多则具备包括香头、锣主、驾主、蜡主、管事人等在内的严密形态。根据史料，朝山的不仅有来自山东本省的香会，还有来自河南、江苏、浙江、安徽、河北、山西等地的香社。他们到了泰山后，或三步一叩,或锣鼓喧天、鱼贯而上,在泰山留下了诸多印记。研究者指出,从明代至民国年间的香会碑至少还有363块留存至今,共反映了411次(个)香会活动,未立碑的活动更是难以计算。香会还给官府带来了巨额香税,"国家岁籍其香钱常数万缗,官人之以给诸司俸禄",香税至雍正朝才取消。朝廷也会参与朝山活动,自乾隆二十四年(1759)起直至清朝灭亡,清廷均会在每年碧霞元君生辰之时差遣大臣赴泰山致祭。

民国时期的妙峰山

据学者统计,至清朝末年,山东各地的碧霞元君庙至少有300余座,河北及直隶存在数百座,北京也接连建造了7座碧霞元君庙,其中5座称为"顶",另有京东丫髻山和京西妙峰山作为碧霞元君在北方的道场。妙峰山与丫髻山的庙会均在每年农历四月初一至十八日碧霞元君诞辰期间举行,朝拜者来自社会各界,以求子、顺产及保佑幼儿为主，香火兴旺，其中不乏达官显宦甚至皇亲国戚的身影，如康熙、乾隆都曾到访过丫髻山。妙峰山盛行"拴娃娃"风俗，上山有南北中三道路通往金顶，以北路人潮最多。1925 年，顾颉刚在妙峰山做了一次碧霞元君香会的调查研究，根据碑刻和历只文献详细记录了 17 个清朝的香会名称和朝拜香客的信仰风俗。值得注意的是，香客朝拜要提前准备，如进行澡浴、斋戒等表达虔诚的行为，但朝香活动同时也是一场商业加娱乐的狂欢，朝拜结束后，香客往往开斋放纵，甚至"醉舞喧呶，娈童歌倡"，把碧霞元君崇拜的世俗性与功利性展露无遗。

关羽信仰的发展

清代学者赵翼在《陔余丛考》中指出："南极岭表，北极塞垣，凡儿童妇女，无有不震其威灵者，香火之盛，将与天地同不朽。"形象描绘出关羽信仰在清代的兴旺。作为知名度最高的中国神灵之一，关羽这个信仰符号是"历史上的关羽""杂剧小说中的关羽"和"神话传说中的关羽"三个不同形象的叠加，明清时期是这一神格发展的顶峰。

关羽，字云长，山西运城人，约生于东汉桓帝延熹年间，卒于建安二十五年(220)，是汉末三国时蜀国刘备的主要亲信和将领。据《三国志》记载，关羽与刘备"恩若兄弟"，喜读《春秋》，绝伦逸群，被拜为前将军，据守荆州要地，水淹七军，擒于禁、斩庞德，坚拒曹操利诱，一时武威远播、风光无限，后因轻敌兵败被杀。孙权将关羽首级送给曹操，葬于洛阳，将其身躯葬于当阳，成都则建有衣冠冢以招魂慰灵。以上是史书所载的关羽作为的"人"的事迹。关羽死后，

一　极盛而衰：明清道教的存续 | 65

吴将吕蒙很快死去,荆州地方又发生瘟疫,孙权担忧关羽的怨灵作祟,遂做了一些祭祀,这可能是关羽神话过程的开始。

关羽死后,传出孙权曾利诱他叛蜀归吴而遭坚拒的传说,其故事也逐渐在湖北一代流传。奇特的是,作为"怨灵"的关羽与作为忠义化身的关羽形象同时传播,人们逐渐将他与隋唐间盘桓于华岳间的巨鬼关三郎结合了起来。宋孙光宪《北梦琐言》记载:"唐咸通乱离后,坊巷讹言关三郎鬼兵入城,家家恐悚。罹其患者,令人寒热战栗,亦无大苦。弘农杨玭挈家自骆谷路入洋源,行及秦岭,回望京师,乃曰:'此处应免关三郎相随也。'语未终,一时股栗,斯又何哉!夫丧乱之间,阴厉旁作,心既疑矣,邪亦随之,关妖之说,正谓是也。"这里并未提到关羽即关三郎,但唐代范摅的《云溪友议》"玉泉祠"条写道:"蜀前将军关羽守荆州……玉泉祠,天下谓四绝之境。或言此祠鬼兴土木之功而树,祠曰'三郎神'。三郎,即关三郎也。允敬者,则仿佛似睹之。缁俗居者,外户不闭,财帛纵横,莫敢盗者。厨中或先尝食者,顷刻大掌痕出其面,历旬愈明。侮慢者,则长蛇毒兽随其后。"据陈寅恪及今人王见川的研究,带鬼兵袭长安城的"关三郎"是逼鬼袭人的华岳三郎,《云溪友议》的关三郎应是传说中的关羽三子关索。

不论当阳玉泉祠的三郎神是华岳三郎还是关羽,玉泉祠确是关羽成神的关键环节。唐德宗贞元十八年(802),董侹为玉泉寺撰《荆南节度使江陵尹裴公重修玉泉关庙记》,其中提到:"(玉泉)寺西北三百步,有蜀将军都督荆州事关公遗庙存焉。将军姓关,名羽,河东解梁人。公族功绩,详于国史。先是,陈光大中,智𫖮禅师者至自天台,宴坐乔木之下,夜分忽与神遇,云:'愿舍此地为僧坊,请师出山,以观其用。'"此即关羽皈依智者大师求入佛门的肇始。值得注意的是,智者大师并不是南朝陈光大中而是隋开皇年间莅临玉泉寺,令此记的准确性受到质疑。北宋哲宗元祐元年(1086),张商英撰写《建关三郎庙记》,在董侹版本的基础上增加了新的情节:"我有爱子,雄鸷类我。相与发心,拥护佛法。师问所能,授以五戒。"关羽不但向智者大师显灵,而且携关兴求受五戒。张商英的庙记被收入南宋佛教史书《释门正统》及宋末志磐的《佛祖统记》,不同的是《佛祖统记》将受五戒改成了受菩萨戒。通过这些记述,关羽正式成为佛教的伽蓝护法。

虽然开皇九年(589)解县就兴建了关庙,全国各地也有一些小型的祭祀关羽的庙宇出现,但关羽受到朝廷重视起始于唐建中三年(782)。上元元年(760),唐肃宗册封太公望为武成王,与文宣王孔子同一建制,朝廷选择了包括白起、孙武等10位历史名将配祀,建中三年又将关羽等补入,但贞元二年(786)这种祭祀终止,仅持续五年。宋承唐制,赵匡胤在开宝三年(970)重新启动官祀关羽,宋真宗、宋哲宗再加敕封。关羽进入道教是在宋徽宗时期,据《宣和遗事》记载,崇宁五年(1106)夏,解州有蚩尤化蛟在盐池作祟,宋徽宗命令天师张继先降妖,天师招关羽斩之。这段故事被改写为元杂剧《关云长大破蚩尤》。在道教文献《地祇馘魔关元帅秘法》中,北宋茅山道士陈希微为这一故事增补了情节:关羽降伏蛟之后向徽宗讨封,被天师斥责罚入酆都为将500年。关羽被纳为酆嶽法的神将,是唐宋间道教酆嶽法编创运动的反映。

明朝建国后,朱元璋把强调"以民为本"的孟子赶出孔庙,同时把一干能体现"忠君"的名将列入国祀,关羽正是其中之一。此后,关羽的官爵在道教兴旺发达的明代不断上升。成祖朱棣在北京建立关帝庙,举行春秋两祭;明神宗封其为"三界伏魔大帝神威远镇天

关圣帝君(蔡依珍摄)

尊关圣帝君",以岳飞、陆秀夫、张世杰等南宋忠臣配祀;思宗时再加封为"真元显应昭明翼汉天尊",相关祭祀制度不断完善,明人姚宗仪总结道:"今上尊为协天大帝……兼赐冕旒玉带,至尊无上也。"不但皇室尊奉,关公戏如《关云长大破蚩尤》《怒斩关平》《关公显圣》等层出不穷,关索戏也大量出现,"过五关斩六将""温酒斩华雄"等关公故事脍炙人口。特别是随着融合了历史、传说和正史演义的章回小说《三国演义》的问世,一个智勇双全、武功盖世、义薄云天的关羽成为妇孺皆知、人人津津乐道的英雄。道教则神化了关羽的身世，《历代神仙通鉴》称其生前是雷首山泽中的龙神，《三教源流搜神大全》称其为青龙转世，《道法会元》中还将关羽与马灵耀、赵公明、温琼并列为护法四大元帅。儒家知识分子也加入明廷对关羽"忠义"的歌颂之中，《义勇武安王集》《汉关帝圣君庙志》《关帝纪》《关圣集》等作品纷纷问世，关羽超越宗教樊篱成为儒释道三教共同尊奉的对象。

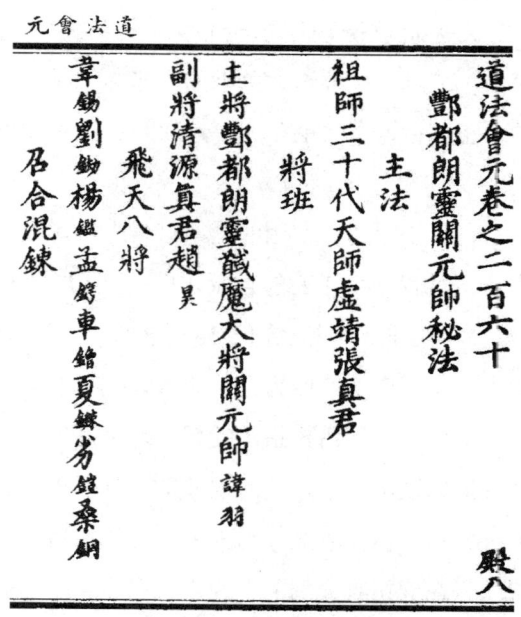

《道法会元·酆都朗灵关元帅秘法》书影

清廷崇拜关公与《三国演义》等话本的流传有关，清人王嵩儒指出："本朝未入关之先，以翻译《三国》为兵略，故其崇拜关羽。"有清一代，上自帝王将相，下至八旗兵丁，大多爱读《三国演义》。努尔哈赤对《三国演义》也十分喜爱，曾专门向明朝求赐关羽像，请回后与观世音菩萨、土地神一起供奉。公元1615年，努尔哈赤在当时的"首都"赫图阿拉城同时修建了七大庙——堂子、地藏寺、玉皇庙、关帝庙、文庙、城隍庙和昭忠祠。努尔哈赤自称获得关羽保佑，将关羽称作"关玛法"，暗示他得位是"天命所归"，以至于清人多相信"伏魔（关羽）呵护我朝，灵异极多"。入关后，顺治帝在德胜门外修关帝庙，亲题庙额。康熙四十二年（1703），康熙皇帝路过山西解州，也为关庙题写匾额。雍正朝还发生了一件奇事，湖南桃源人卢湛编撰了一本《关圣帝君圣迹图志全集》，全书共分"仁""义""礼""智""信"五部，主要讲述关羽的"圣迹"和"灵感"，而且记载了关羽的父祖家世，将关羽家族打造成符合儒家知识分子形象的儒学世家。

这当然是一种杜撰。卢湛使用的基本材料来自元人胡琦，关羽家世的部分则来自当时解州太守王朱旦所作的一通《汉前将军壮缪侯关圣帝君祖墓碑记》。王朱旦又是从何处得到这通关羽祖碑的呢？据说，解州常平村的书生于昌夜宿传闻为关羽父母投井处的塔庙时，关羽向他托梦昭示墓碑的所在，于昌按指示挖掘，果然挖出了一块记载有关羽父亲、祖父身世的墓碑。他急忙向太守王朱旦汇报，王朱旦赶忙将碑文记录，上报朝廷。整件事显然是王朱旦为发掘地方文化资源搞文化创收的把戏，但在清初对关羽的一片崇拜声中，朝廷也乐于玉成其事。雍正三年（1725），雍正皇帝据此将关羽曾祖、祖父、父亲三代封为公，并且封荫关氏后裔。乾隆年间的《钦定满洲祭神祭天典礼》中则明确记称："所朝祭者，为释迦牟尼佛、观世音菩萨、关圣帝君。"关羽特享国祀。清朝皇帝对关羽的封敕至咸丰时达到顶峰，咸丰四年（1854），咸丰帝提升了关羽的国祀标准，准对关羽行三跪九叩礼;咸丰七年(1857),咸丰帝赐匾额"万世人极"于地安门关庙,着令各州县一体并行。光绪帝时,特赐山西永济县(今永济市)关帝庙"祈年大有"匾额,加关帝号"宣德",关帝封号已达26个字,超越了古往今来的帝王与圣贤。

作为一种内涵丰富的精神符号,关羽既代表了保皇忠君的传统伦理秩序,又因其勇武而成为帝国尚武精神的象征。关公信仰还具有广泛的民意基础,清廷既是关公信仰的建构者之一,又是关公信仰的"虔诚"信徒。从与明朝争位,到平三藩、征大小和卓,再到征讨新疆张格尔、平金川,甚至清后期的对战太平天国,清廷不断加封关羽,均是上述心理的佐证。清廷对关羽的崇拜甚至还影响了其他民族。蒙古族从与努尔哈赤结盟开始,就逐步接受了关羽信仰。而早在明成祖时期,五世噶玛巴活佛就将关公带回楚布寺;清乾隆皇帝召班禅觐见时,特别要求班禅谕令藏民供奉关羽;名僧章嘉活佛则认为关公为马头金刚的化身,特别为关公撰写了佛经仪轨;内蒙古的呼和浩特,西藏的萨拉、日喀则、江孜、康定等地均建造了关帝庙。关公信仰还随着华人的足迹飘扬海外,广泛流传于东亚、东南亚甚至欧美的华人聚居区。

明清时期不遗余力推崇关公信仰的还有以山西解县(今运城市盐湖区解州镇)为主的晋商和山西行会。晋商与南方的徽商是当时中国商业界的两大势力,基本垄断了票号、钱铺、盐业等行业,其商业脉络遍及华北、华中。晋商为维护自身的团结和商业利益,视关公为保护神和财神,将关公精神化约为"忠义""守诚"等商业伦理。晋商会馆的特殊之处就在于将关帝庙与会馆合二为一,既奉祀关帝,又同时作为商业洽谈和宗族联络的关键枢纽,这其中最著名的就是建造于乾隆元年(1736)的位于四川自流井的西秦会馆。据《西秦会馆关帝庙

越南河内真武观

碑》记载,该会馆同时用作关帝庙,兴建达16年之久,耗费白银5万两。在晋商的推动下,全国各行各业均将关公视作财神,甚至是某些特殊行业的行业神。又由于商业行会与民间秘密社会的关联,许多农民起义或民间社团,如白莲教、罗教、天地会、哥老会、三合会、排教、青帮、洪门等会社,均将关公视作保护神,在关羽像前歃血为盟,自证忠义。就这样,关羽成为明清时期最具有代表性的世俗化、功能化的神明之一,至今还影响着华人世界。

从"梓潼神"到"文昌帝君"

据《华阳国志》记载,东晋时梓潼县曾有"善板祠"供张亚(恶)

子:"有五妇山,故蜀五丁士所拽蛇崩山处也。有善板祠,一曰恶子。民岁上雷杵十枚,岁尽,不复见,云雷取去。"张亚子是梓潼祷祀的俗神,也是瘟神,有保佑、作战、除瘟、伸张正义等功能。《越巂厅志》指出张亚子生于晋太康八年(287),因避母仇,在梓潼七曲山修道数十年,屡显神异。张亚子信仰的发端似与后秦姚苌有关。《太平寰宇记》引《郡国志》载:"恶子昔至长安见姚苌,谓曰:'劫后九年,君当入蜀,若至梓潼七曲山,幸当见寻。'"在清人所做的《十六国春秋辑补》中记载,姚苌于前秦建元二年(366)来到梓潼七曲山,在山上遇到一位神人,预言他将会成为秦地的君主,令正在与苻坚争霸的姚苌深感欣慰。姚苌问那神人的姓名,神人说他叫"张亚子",说罢就不见了。姚苌回到秦地后,果然建立后秦,登基称帝,于是就在秦地立"张相公庙"以祀张亚子。

与亚子神同时期,梓潼还流传有"雷泽龙王"信仰,据说原形为东晋时期的蜀人张育。据《晋书》及《资治通鉴》记载,宁康二年(374)五月,蜀人张育自称蜀王,与杨光起兵两万反抗前秦苻坚统治。苻坚派邓羌率兵五万讨伐,张育向东晋的益州刺史竺瑶、威远将军桓石虔求援,后者领兵三万进攻垫江。六月,张育称王,改元黑龙。但好景不长,新政权发生内讧,张育与其本家张重争权,邓羌趁机进攻成都,将张育逼退至绵竹。八月,邓羌击退张育的盟友东晋军,九月,杀张重。不久,张育兵败阵亡,政权毁灭。虽然张育统治仅四月余,但蜀人普遍厌恶前秦苻坚的暴戾无道,爱戴张育的忠烈为人,遂在梓潼七曲山建祠祭祀,将他认作龙神的化身,尊奉他为"雷泽龙王"。由于善板祠与张育祠相近,张育逐步与张亚子结合。至明代,《明史·礼志》称:"神(梓潼帝君)姓张,名亚子,居蜀七曲山,仕晋战殁,人为立庙。"正史也已经分不清二者的区别。

一 极盛而衰:明清道教的存续 | 73

张亚子的神威还与皇权的"加被"有关。据说唐玄宗为避"安史之乱"而入蜀，途经七曲山时梦到张亚子托梦，预示安危，遂隆重祭祀，并追封其为左丞相。唐僖宗为避黄巢之乱而路过七曲山，特别祭祀张亚子，封其为济顺王，希望得神灵之佑，早平叛乱。术士预言来春黄巢兵乱必解，唐僖宗大喜。《太平寰宇记》记载："（唐僖宗）亲幸其庙，解剑赠神，时太子少师王铎，扈从至庙，亲睹皇帝解剑授神，因题诗云：'盛唐明主解青萍，欲振新封济顺名。夜雨龙抛三尺匣，春云凤入九重城。剑门喜气随雷动，玉垒韶光待赋平。为报山东诸将相，主天勋业赖阴兵。'"宋真宗咸平三年（1000），神卫军指挥使王均兵变称帝，据说一日忽然有人在城墙高喊："梓潼神遣我来，九月二十日城陷，尔等悉当夷灭。"后王均兵败，真宗封梓潼神为英显王。宋神宗时，茂州生羌之乱，梓潼神再次显灵。宋元两朝，梓潼神再加"神文圣武孝德忠义王""辅元开化文昌司禄宏仁帝君"等号。

梓潼神是什么时候变成了主管文教的文昌神呢？据南宋时期的文献《道门定制》记载，梓潼神的神号为"七曲山司禄主者执贡举真君英显武烈忠佐广济王"，这是最早提到"贡举"功能的神号，早于元仁宗敕封的"辅元开化文昌司禄宏仁帝君"，可见梓潼神在宋代已经成为科举之神，但其中的缘由还不明确。宋代笔记《铁围山丛谈》记载的一则故事或可提供一种解答："士大夫过之，得风雨送，必至宰相；进士过之，得风雨，则必殿魁。"意思是说，路过七曲山张亚子祠时，如果赶考的举子将会中举，梓潼神就会以风雨相送；士大夫路过时如果遇到风雨，则说明能官至宰辅。相传王安石小时候曾陪公子读书，从张亚子祠经过时突然风雨大作，但公子并未中举，遂以为张亚子不灵，然而后来王安石当了宰相。南宋吴自牧《梦粱录》记载梓潼神专掌禄籍，"凡四方士子求名赴选者悉祷之"。

明代文昌帝君像

从南宋至清代间，道教造作了大量有关梓潼神的道经，如《高上大洞文昌司禄紫阳宝箓》《太上无极总真文昌大洞仙经》《元始天尊说梓潼帝君应验经》《元始天尊说梓潼帝君本愿经》《清河内传》《梓潼帝君化书》《文帝本传》《文帝孝经》《文帝救劫经》《文帝延嗣经》《文昌应化元皇大道真君说注生延嗣妙应真经》《文昌心忏》《文昌大洞治瘟宝箓》《大洞玉经疏要十二义》《文昌帝君阴骘文》《文昌正朝全集》等，据不完全统计达80余部，数百种之多。这其中最重要的是《文昌大洞仙经》。该经据说是由文昌帝君降坛传授，大部分内容是删改《上清大洞真经》及《度人经》而成，开头部分讲述了文昌帝君的经历和德行，是较早开演文昌帝君事迹的经书。元明间成书的《梓潼帝君化书》及《清河内传》补充了张亚子的事迹，称张亚子是梓潼帝君第73次转世，对母至孝，割股为药为母治病，诚感天地，母病遂愈。其后瘟疫流行，张亚子梦到神授《大洞仙经》及宝箓，制邪驱瘟，功成升天。正因如此，文昌系的道经如《大洞仙经》，被认为有祛除瘟疫的功能，逐步发展出独特的道教"洞经音乐"，至今在云南流传。

比《文昌大洞仙经》更有影响力的文昌道经是成书于明末的《文昌帝君阴骘文》。古时以登科为折桂，故该书又称《丹桂籍》，常与《太上感应篇》《戒淫文》等并行刊印流通，颇受知识分子重视，如明末高士傅山就曾为之写木屏。该书假托文昌帝君的口吻劝善，认为谋求功名不但要有学识，更要有阴骘，阴骘即不图名利的善行，积福行善才能名至状元。善恶因果、鬼神报应也是明清科场文化的组成部分，民间社会普遍认为功名利禄与行善积德有关，官员的品德比专业技能更为重要，因此除了苦读诗书，做好充足准备，举子能否中举，还以天道好还、福善祸淫的因果律为根据。如《阴骘文》记载："帝君曰，吾一十七世为士大夫身，未尝虐民酷吏；救人之难，济人之急，悯人之孤,容人之过,广行阴骘,上格苍穹。人能如我存心,天必赐汝以福。"正因该书将阴骘与功名联系在一起,而广泛印制发行该书也被认为是积福行善的一种,大量的印发又扩大了该书的流行和影响,这点在《红楼梦》中也有所表现。小说第十一回写到贾蓉转述贾敬的话:"还说那《阴骘文》,叫急急的刻出来,印一万张散人。'

明清小说中多记载文昌帝君的感应故事,这些故事与其说是为了宣传文昌帝君的灵感,倒不如说是小说家借神灵的神异,来表达对某些人事的缅怀和记忆,特别是现实中对社会存有功绩的人。蒲松龄的《聊斋志异》记载了一则"梓潼令"的小故事:"常进士大忠,太原人,候选在都。前一夜梦文昌投刺,拔签得梓潼令,奇之。后丁艰归,服阕候补,又梦如前。默思岂复任梓潼乎?已而果然。"据《山西通志》记载,顺治时期,常大忠在中进士后,占卜求问何处就职,占卜得"梓潼县",后果至梓潼县做官。蒲松龄记载的正是常大忠这则逸事。常大忠在任期间,"清廉正直,甚得民心",丁忧时百姓背着粮食相送500里不散,官声甚佳。常大忠后升任保定府同知,"赈饥民、掩枯骨、禁戏戒杀、修忠愍祠、建忠烈祠",《山西通志》记载其临终时说:"梓潼召我主棘围,吾归矣。"百姓相信他是被文昌召走,为他画像祭祀。

清代共有进士26300余名,其中状元仅114位。社会对状元有一种朴素的敬意,认为他们的功名利禄由文昌帝君专司。《儒林外史》称状元都是天上的文曲星下凡,如胡屠户骂范进不要痴心妄想中举,因为"这些中老爷的都是天上的文曲星"。崇祯年间刊行的笔记小说《西湖二集》记载了书生罗隐的故事,说明文昌帝君会依照书生的善恶行径而进行裁决。罗隐,唐末五代时浙江新城人,自幼聪慧,有诗名,人称"江东才子",有相士曾预言其必定高中。罗隐后因家里贫穷，向亲友借贷不成，暗自愤恨，发愿日后高中定要报复。结果一夜恍惚间梦到被带至一位神明前，这位神明呵斥他一通，道："上帝好生，汝性好杀。明日做了帝王，残虐刻剥，伤天地之和气，损下界之生灵，为害不浅……将汝所有帝王福分尽数削籍。"罗隐醒来，发现面相发生变化，相士说他功名已失，除非忏悔行善，否则不可能出人头地。罗隐自此念念为善，以教书育人为生，但数次参加科考都未中，几年后突然梦到文昌帝君托梦道："子数年洗心易虑，事事可与天知……待我慢慢注汝之禄籍可也。"罗隐不解，结果五代十国时，罗隐成为吴越王的客卿，应了文昌之言。

有时，做善事也未必能够补救。清朝的纪晓岚在《阅微草堂笔记》中记录了一则传奇故事，故事的主人公叫周懋官。跟普通读书人一样，周懋官曾多次参加科举，但奇特的是，每次都因不可避免的笔误而落第。几次之后，周懋官感到有必要向"天"讨个说法，于是愤愤不平地写了一份申诉书在文昌祠焚烧，表明自己一生从不作恶，理当中举。几天后，周懋官梦到来到一处官衙，文昌帝君在公堂上训斥他："你前世好挑剔别人的文章，明知没错还要吹毛求疵，通过这种方法找人麻烦捞钱，所以这辈子总是写错字。今生给你判卷子的考官，前生是一位节妇，朝廷表彰她的节义，你却故意写错她的呈文。你向一位犯错的县令索贿不成，就刻意在公文上做手脚，拖延侦办。今生不顺都是因为你前生造孽，还有什么冤屈令你大呼小叫地告状？过几日和尚、道士还要难为你。"周懋官不明白这梦什么意思，结果再度科场失利，当时的考题正是"僧道拜父母"。

文昌帝君不仅广被汉族信仰，元明时期还传入当时的蒙古与藏族地区。有学者认为，文昌帝君信仰是随着元朝帝师八思巴而传入藏区的，但现存最早的藏文文昌帝君诵文为17世纪写就，因此明末清初传入藏区的说法相对可靠。青海贵德县是藏区文昌帝君信仰的中心,清中期,该县兴建了一座金碧辉煌的文昌帝君庙。据民国时期姚钧撰写的《贵德县志》记载:"(文昌庙)依山傍水,河流萦绕。汉番信仰,士民供奉。每逢朔望,香烟甚盛,有事祈祷,灵应显著,久为汉番信仰祈福消灾之所。同治六年(1867)毁……光绪初年,官绅汉番重修。其规模虽小复旧,而金碧辉煌,形势巍峨,为一邑福神第一。"清王朝时期任命的驻京八大呼图克图多撰写有贵德文昌帝君的经文,排名第二的赛赤呼图克图出自青海拉莫德钦寺,具有蒙古血统,他创作的文昌帝君经文中,有不少是应蒙古族的贝勒王官的敦促而写就。

越南玉山祠

嘉庆六年(1801),朝廷颁告天下将文昌帝君列入国家祀典,文昌帝君神位正式进入各地的书院,与孔夫子一起被奉祀。除了书院,一些民间祠庙也将文昌帝君列入,与关圣帝君、观音或三世佛合供。几乎在同一时期,文昌帝君信仰随着迁徙越南的华人传入越南,阮朝绍治三年(1843)重建的玉山祠,供奉关帝、兴道王陈国峻和文昌帝君三圣。胡志明市(原西贡)堤岸的义安会馆,是19世纪由迁徙越南的潮州人兴建,同时兼有关帝庙的功能。会馆正殿供奉关圣帝君,同时奉祀福德老爷、文昌帝君、财帛星君以及天后圣母等,文昌帝君信仰成为海外华人维系血脉与情感的媒介。

明清新信仰与民意

神仙是道教信仰的核心,民间经常将神、仙合论,但在道教的认知中,神与仙不同。《说文解字》云:"神,天神,引出万物者也。"又曰:"仙,长生仙去。"又:"仚,人在山上,从人从山。"意思是说,神是自然,是能够生长万物的生气,仙则是住在山上的隐居者或修炼者。神是先天且自然而然的存在,仙则是后天依山而居的人,"人从山"则为仙,说明的是长生不死、逍遥自在、无拘无束的理想人格。神明只是一股"生气"的观点与汉魏流行的元气论有关,当时的思想界倾向于用气来解释现象界。

相对于道教,儒家不谈仙,却不避讳谈神,如《左传》云:"'国将兴,听于民;将亡,听于神。'神,聪明正直而壹者也,依人而行。"《左传》并未否定神的存在,却认为神只是聪明正直之气,这股气依人心向背而动,"天听自我民听"。正因为人的气常与天地往来,人与神的气也自然具有同质性,故能沟通。如朱熹所说:"鬼神只是气。屈伸往来者，气也。天地间无非气，人之气与天地之气常相接，无间断，人自不见。人心才动，必达于气，便与这屈伸往来者相感通。如卜筮之类，皆是心自有此物，只说你心上事，才动必应也。"

《礼记》对祭祀的范围做了详细规定，其《祭法》云："夫先王之制祭祀也，法施于民则祀之，以死勤事则祀之，以劳定国则祀之，能御大灾则祀之，能捍大患则祀之……及乎日月星辰，民所瞻仰也；山林、川谷、丘陵，民所取财用也。非此族类，不在祀典。"大抵应祭祀者多为自然，如日月山川等，都是有利于民的自然造物。有功于民的贤人义士同样应被视为神明配享祭祀，即孟子所谓"保民而王，莫之能御也"。这点也深深影响了道教的神灵观，但凡护国佑民、忠孝节义、对国家民族有突出贡献、为老百姓所怀念和铭记者，道教都会将之奉为神灵，甚至为之编撰道经和道法，如比干、孙思邈、张巡、陆秀夫等有专门的庙社祭祀，而关羽、岳飞、杨业等则成为道教的护法神将。道教典籍《徐仙真录》指出："天生英才用之于当时，则能忠君保民，荣膺显爵，殁则庙祀一方，而其阴功灵贶犹能阐扬于后世者，实非偶然，天将有意于斯世斯民，而使其至于是也。"

道教通过"道封""玉封"的形式吸纳忠臣义士进行奉祀，如果该神受到朝廷册封，则称之为"朝封"或"敕封"。地方神明成为全国性的神明，或者地方的俗神成为道教奉祀的神明，都需要先经过民众的"玉封"。更具体而言，现世的人若要成为"神"，首要条件是生前做过令百姓铭记的义行；其次，要有"显灵"的故事流传开来，足以吸引到民众的关注；再次，最好有来自官方对该人的义行和"显灵"的敕封，以增加成神的权威性。一般沿着"侯而王，王而帝，帝而圣，圣而天"的敕封途径，多数神明到达"帝"的程度，如文昌帝君、孚佑帝君等，孔子与关羽到达"圣"的地步，而关羽则最终发展为"天",在清末获得26字的封号。女神则沿着"夫人、妃、天妃、天后"的次序晋升,妈祖在咸丰时获得的封号达64字。"封神"与否最终还是取决于民心,即便朝廷长时间不关注地方神灵,也不会影响民众对地方神灵的崇拜,因此地方神灵更多表现的是民众对一段历史的铭记。

显名于明清时期的地方神灵仅有少数兴起于明代,多数发轫于唐宋时期,是历史积淀的产物,妈祖是其中重要的一位。南宋廖鹏飞于绍兴二十年(1150)所写的《圣墩祖庙重建顺济庙记》是目前最早的关于妈祖的文献,其中写道:"世传通天神女也,姓林氏,湄洲屿人。初以巫祝为事,能预知人祸福……"妈祖是一位颇有灵通的女巫,死后被视为女神。宋宣和五年(1123),给事中路允迪出使高丽,在海上遭遇风暴,见一位女神显灵保佑,船员说是妈祖,于是归国后上奏朝廷,徽宗封"顺济"。明代万历年间的《东西洋考》增补了妈祖的身世,认为她是五代时期闽王林愿第六女,雍熙年间升化成仙。《殊域周咨录》又认为她是闽王第三女。清人认为,所谓"闽王之女"盖无从考究,因此改称"莆田都巡简孚之女"。清初《使琉球记》再增添妈祖事迹,认为她为救父兄而遭海难,大孝弥天。明清两朝,妈祖共获封8次,大量典籍记载了妈祖的灵验事迹。随着福建人特别是渔民、海员外出谋生,中国南部、日本以及泰国、马来西亚、新加坡、越南等东南亚国家均有天后宫或妈祖庙分布,香火鼎盛,妈祖信仰成为东亚海洋经济及社会结构形成的历史见证。

明清时期,与妈祖同样流传于闽粤间的女神是临水夫人陈靖姑。有关临水夫人最早的记载是元代张以宁撰写的《顺懿庙记》,此文证明了临水夫人信仰在宋元时期就已存在,但并未提到她的身世来历。明代出现的几种文献,丰富了临水夫人有功于民的事迹。如《八闽通志》记载陈靖姑为"江南下渡陈昌女","凡祷雨旸,驱疫疠,求嗣续,莫不响应"。《使琉球录》收录了一则明朝高澄撰写的《临水夫人记》,其中记载出使琉球的使团遇到海难时祈求妈祖,妈祖降鸾差遣临水夫人救难的故事。文中写到临水夫人为妈祖的姐妹,这可能是出自海员对临水夫人事迹的口述,两位女神的信仰发生了交集。

可能以宋朝赐封"顺懿"为契机,临水夫人受到道教的注意,元代李存《送王既明序》记载玄教宗师吴全节派弟子主持临水夫人庙,《搜神记》《西洋宫碑记》《晋安逸志》《绘图三教源流搜神大全》等各类书籍中对陈靖姑的形象进行了道教化改造。如《晋安逸志》提到陈靖姑"善符篆,遂与鬼物交通,驱使五丁,鞭笞百魅",陈靖姑正式化身为一位女道士。明清时期产生了三部陈靖姑信仰题材的小说——《海游记》《闽都别记》与《临水平妖》,除了将陈靖姑事迹写得更为丰富和人性化,《海游记》最大的特色在于对"闾山巫教"的强调。小说中认为陈靖姑是观音的化身,拜闾山许九郎为师,使用闾山法与白蛇斗法。《海游记》的情节和文字被用于后来的闾山派科仪之中,使用至今。而在《闽都别记》与《临水平妖传》中,陈靖姑配祀三十六宫婆神,专司"护产保婴",她的世俗功能化愈发明显。

陈靖姑并未获得明清朝廷的敕封,朝廷禁绝淫祀对该信仰有所影响,但民间传布广泛,热情不绝,与此相似的还有福建的地方神二徐真君。二徐即徐知证、徐知谔,五代十国时吴王杨行密摄政徐温的儿子。据说二徐曾领兵进入闽地平乱,对百姓秋毫无犯,深受闽人爱戴,闽人遂为二徐建造生祠。但正史并无二徐进入闽也的记载,研究者普遍认为,闽人将公元944年入闽平乱的查文徽的事迹误植到了二徐身上。宋元间,二徐被闽侯人奉为保护神,认为他们有防水火灾、驱瘟治病等神异。闽侯县建灵济庙,宋高宗赐额"灵济",宋理宗封

一 极盛而衰:明清道教的存续 | 83

"真人"。二徐信仰真正大显是在明成祖时期。据《明史》，永乐十四年（1416），朱棣病重，药石罔效。这时，礼部郎周纳从闽侯回京，向朱棣讲述在闽侯县的所见："有道士曾辰孙者，扶鸾则二神降之。"曾辰孙假托二徐附体，为信徒开药治病，这引起了朱棣的兴趣，宣召他进京。

曾辰孙在朱棣前表演"附体"："有疾问神，神降鸾书药味，如其法服之，每奏奇效。辰孙大被崇赉。"二徐封"真君"，"屡加封其父为圣帝，母及二配皆以为元君，每岁时节令俱遣官祀，而金玉阙元君又有诞辰之祭"，全家被封为神。北京按闽侯的样式新建灵济宫，曾氏名显一时。此后历朝均有在灵济宫为二徐设醮的记录，二徐信仰也因皇帝的推崇几乎传遍南方，道士们撰著了很多有关的道经在道教传播。直到崇祯时期，朱由检苦于国内内乱和外敌来犯，儒臣上书"徐温乃五代时吴国专权弑主之贼，殊无功德可录，但缘二徐为子，有一时祷应之功，故滥恩至此"，击中崇祯心事，灵济宫罢祀禁绝，逐步荒废。但闽侯的二徐信仰并未因皇帝的禁绝而消失，而是融入民俗文化之中，在福建、台湾以及东南亚国家流传至今。

民心左右"封神"的现象还体现在明清时期，一些造福于民的忠义节烈之士被百姓敬为城隍，祭祀不断。沸腾的民声夹杂朝野之间政治势力的拉锯，这些"新任"城隍最终得到官方认可，其中比较典型的是济南城隍铁铉和北京城隍杨继盛。

杨继盛（1516—1555）是嘉靖朝的南京户部主事，曾任山东诸城县令。自31岁考中进士进入官场至39岁亡故，杨继盛一直与权奸严嵩周旋。任诸城县令时，颇有政声；升任兵部员外郎时，与严党发生冲突，被贬谪至甘肃临洮做一名小吏，期间毁家兴学。嘉靖三十二年（1553），杨继盛以《请诛贼臣疏》弹劾严嵩，被罪下狱，受尽折磨而坚贞不屈，次年遭弃市，其妻自缢殉节。北京百姓感念杨继盛的忠君爱民之心，私下将其奉为城隍。明穆宗时，因民意沸腾，朝廷为杨继盛平反，默认其城隍的地位。

铁铉（1366—1402）为元代色目人后裔，惠帝朱允炆朝著名忠臣。靖难之役开始时，总兵盛庸与铁铉部在东昌（今聊城）击溃朱棣的燕军。朱棣用大炮轰城，铁铉在城上悬挂"高皇帝神牌"，朱棣气得咬牙切齿，不得不转道徐州、沛县。铁铉主防济南，燕军屡战屡败，久攻不下。但因惠帝一方调节失度，铁铉孤城难守，最终城破被俘。临刑前，铁铉对朱棣大骂不止，被割耳剜鼻并处以磔刑，死后被油炸尸身。

铁铉节烈的秉性和悲壮的抗争事迹很快传遍全境。在成祖朱棣主政时期，朝廷不可能对他有什么公议，一概斥其为奸道，民间却不乏他的同情者。明宪宗时期，政治紧迫感终于松动，铁铉得以进入邓州先贤祠。嘉靖十年（1531），济南的道观华阳宫更名崇正祠，铁铉进入庙祀。进入清代，清人称"古今忠烈之臣，以守土之才而兼殉身之烈，孰逾有明铁（铉）尚书者"，对其评价甚高，于是将铁铉视为地方神明的倡议具备了民意基础。雍正年间，东昌发生水灾，民间传说铁铉显灵，知府金启洛因而正式向朝廷上书"仗节殉义如（铁）公，足为兹土之民之可赖以扦御者"，提议修建祠堂专祀。乾隆朝时，济南新建铁公祠，乾隆帝亲制碑文，并下谕济南每年仲秋时节祭祀铁铉，以少牢礼，"巡抚亲诣，行二跪六叩"。由此可见，民众所认定的信仰，不一定以朝廷的意志为转移。

如果民间信仰与儒家社会伦理相违背，或者说民间信仰对儒家的伦常观念产生冲击时，以弘扬儒家观念保持社会稳定为己任的士大夫，会采取强力政治手段毁灭这种民间信仰，这种情况在明清时期并

济南大明湖公园铁公祠铁铉铜像

不罕见。嘉靖年间，儒学大师湛若水在就任兵部尚书时，摧毁了一座位于南京的民间淫祀刘公庙。刘公即刘洞，庙祝陈氏为之杜撰了历朝封诰的记录，宣传其神通广大，"盗亡祈祷即获，疾疫祈祷即安，狂风祈祷即息，陶冶祈祷即美"，包揽生活各种所需。一时围绕着庙祝形成了一个包括地方官员、民间香会以及木材、建设商人的信仰圈子，各种势力交织。刘公庙香火鼎盛，上香者常有千百人，人员混杂，乞丐、流民、商贩、僧道喧哗，已经成为民众聚集活动的公共空间。湛若水认为，刘洞本身来历不明，迷信鬼神玄义不利于风俗教化，民众聚会易生祸乱，因此在上报朝廷之后，命人将刘洞木像押至程颢像前，历数罪过，鞭笞摧折。

二 丹脉纷呈：明清新出丹派及丹籍

1 钟吕丹道的勃兴

内丹派分"文始派"与"少阳派"。文始派承庄、列、关尹一脉,由麻衣道者传陈抟,陈抟传火龙真君,火龙真君传张三丰。文始派以虚无为本,以养性为宗,故称"最高"。少阳派即钟吕丹派,据称由东华帝君传道于钟离权,钟离权传吕洞宾,之后由吕洞宾历代显化,形成南、北、中、东、西五个丹派。少阳派是道教内丹修炼的主流,故称"最大"。

文始派得名于关尹称"文始真人",而少阳派得名于东华帝君。关于帝君的事迹,《金莲正宗仙源像传》载:

> 帝君姓王,不知其名,世代地理皆莫详。得太上之道,隐昆嵛山,号曰东华帝君。复居五台山紫府洞天,或称紫府少阳君,示现于终南山凝阳洞,以道授钟离子。又按《仙传拾遗》云:帝君盖青阳之元气,万神之先也。居太晨之宫,紫云为盖,青云为城,仙僚万亿,校录仙籍,以秉命于老君。

由《仙传拾遗》可知，东华帝君即东王公。《元始上真众仙记》论述东王公出身的段落，原文作："元始君经一劫，乃一施太元（玄）母，生天皇十三头，治三万六千岁，书为扶桑大帝东王公，号曰元阳父。"《太平广记》曰："木公，亦云东王父，亦云东王公，盖青阳之元气，百物之先也。"因此，这位传道给钟离权的帝君并非常人，而是先天的神仙。据《金莲正宗记》记载，东华帝君姓王名玄甫，生于战国时期，在人间数百岁，无衰老之相。王玄甫师从白云上真，受符篆、丹诀、剑术，"开阐玄宗，发挥妙蕴，阴功济物，玄德动天，故天真赐号东华帝君，又曰紫府少阳帝君"。

相对于王玄甫，钟离权知名度更高，历史上也很可能实有其人。《宣和书谱》称："神仙钟离先生名权，不知何时人，而间出接物。自谓生于汉，吕洞宾于先生执弟子礼。"《宋史·陈抟传》称："陈尧咨谒（陈）抟，有髽髻道人先在坐。尧咨私问抟，抟曰：'钟离子也。'"《宋史·王老志传》记载："有丐者自言钟离先生，以丹授老志，服之而狂，遂弃妻子去。"这些史料的可信度较高，钟离子应即钟离权的原型。

关于钟离权的身世，有两种不同的说法。一种认为钟离权是东汉人，官至大将军，在征吐蕃时兵败、正饥饿难耐时，对面走来一身披鹿裘的老人，问他是否汉大将军钟离权。钟离权闻言大惊。老人劝其修道求仙，钟离权遂以老人为师。老人即王玄甫。另一种说法认为钟离权为唐末五代（后汉）人，与吕洞宾有传承关系，但是否师从王玄甫则无明确史料记载。随着《钟吕传道集》《灵宝毕法》的广泛流传和金元时期全真教对他的推崇，钟离权在民间的知名度越来越高，民间对他的传述也越来越戏剧化，最终在元人的杂剧中形成了束双髻、衣槲叶、持芭蕉扇的浪荡形象，并在明代吴元泰的《八仙出处东游记传》里被归为"八仙"中的一员，变得家喻户晓。

除了《钟吕传道集》《灵宝毕法》等著作外，钟离权还留了几首道情和丹诀诗。其诗多以纵情游弋为题材，并在其中掺杂劝人奉道修道的劝语，读起来颇见气象，如《题长安酒肆壁三绝句》：

坐卧常携酒一壶，不教双眼识皇都。
乾坤许大无名姓，疏散人间一丈夫。

得道真仙不易逢，几时归去愿相从。
古言住处连沧海，别是蓬莱第一峰。

莫厌追欢笑语频，寻思离乱可伤神。
闲来屈指从头数，得见清平有几人。

钟离权的弟子吕洞宾，无疑是道教史上最著名的人物之一。有种说法认为，吕洞宾名嵒（"嵒"或作"岩"），字洞宾，道号纯阳子，自称回道人，河东蒲州河中府（治今山西永济）人，生于大唐贞元十四年（798）四月十四日巳时。吕洞宾家世业儒，自幼聪慧，出口成章，文武双全。据传，大唐开成二年（837），吕洞宾中进士，出任江州德化县令，后因不耻与权奸李德裕为伍而辞官，入山修道。

《海山奇遇》记载有所不同，该书引《仙鉴》等材料，认为吕洞宾至会昌年间（时年46岁）二举进士而不第，游览庐山时偶遇葛洪弟子火龙真人郑思远，获传天遁剑法。其后吕洞宾四处游历，随学修炼之学，并继续备考科举。

唐懿宗咸通元年（860），吕洞宾赴长安参加科考，于长安酒肆遇见钟离权。吕洞宾因多年科考，年事渐高，对官场之事心生厌倦，其心情为钟离权所把捉。钟离权赋绝句一首题于壁上，即："坐卧常携酒一壶，不教双眼识皇都。乾坤许大无名姓，疏散人间一丈夫。"吕洞宾在绝句后赋诗一首，曰："生日儒家遇太平，悬缨重滞布衣轻。谁能世上争名利，臣事玉皇归上清。"钟离权见之，知吕洞宾有出世之意。当晚即发生了著名的"黄粱梦觉"一事。

"黄粱梦觉"故事有许多版本，《海山奇遇》的记述颇能传神，现将内容具列如下：

> 吕祖忽困倦，枕案假寐。梦以举子赴京，进士及第。始自州县，而擢郎署，台谏给舍，翰苑秘阁，及诸清要，无不备历，升而复黜，黜而复升。前后两妻，富贵家女，婚嫁早毕，孙甥振振，簪笏满门，几四十年。又独相十年，权势熏炙，忽被重罪，籍没家资，妻孥分散，流于岭表，一身孑然。穷苦憔悴，立马风雪中，方兴浩叹，恍然梦觉。

吕洞宾一梦五十年悲欢离合，醒来后恍然有悟，功名利禄释然于心，但他还是依照钟离权"尘缘未了"之嘱，三赴科举，终得进士，供职德化县令，此后归隐终南山，又有钟离权"十试吕洞宾"的传说。"黄粱梦觉"与"十试吕洞宾""三戏白牡丹"等故事一样，随着元明杂剧的流行变得家喻户晓，使吕洞宾的真实历史隐在民俗文化之后极难分辨，因此，正如另一位扑朔迷离的传奇人物张三丰一样，吕洞宾的事迹像一个巨大的象征符号，传达着道教的信仰意涵，是不是真有其事，对道教徒而言并不那么重要。

吕洞宾被塑造成一个操持儒业、兼顾人伦，并在高中进士之后急

吕祖像(元代,纳尔逊·阿特金斯艺术博物馆藏)

流勇退而求仙的形象，传达了道教注重"先修人道，后修天道"和功成身退的理念。和大多数的道教神仙一样，吕洞宾并无"卒年"，道教相信他成就了金丹大道。《宋史·陈抟传》记载："吕洞宾有剑术，百余岁而童颜，步履轻快，顷刻数百里，以为神仙，皆数来抟斋中，人咸异之。"说迟至北宋，吕洞宾尚在人间。洪迈《夷坚志》载吕洞宾事迹30条，其自称"地仙"，多行救世助人之事。

吕洞宾信仰之兴盛甚至影响了帝王。"道君皇帝"宋徽宗敕封其为"妙道真人"；元至大三年（1310），武宗封其为"纯阳演正警化孚佑帝君"；清嘉庆九年（1804），仁宗加封"燮元赞运纯阳演正警化孚佑帝君"。元代是吕洞宾信仰获得极大丰富之时，元人苗善时编著《纯阳帝君神化妙道通纪》七卷，其中有吕洞宾事迹及历代显化之事。至赵道坚编著《历代真仙体道通鉴》时，吕洞宾的事迹已经非常完整，而且已经成为无所不能的神仙高士。

在道派的传衍方面，据道教传述，吕洞宾在宋代出山，传全真南宗一系；金元时期，度王重阳开全真北派，传李道纯开中派；明清时期，度陆西星、李西月等人开东、西两派。明清时期还大量出现托名吕洞宾的扶乩著作，如傅金栓辑录的《吕祖五篇注》《度人梯经》，闵一得乩授的《吕祖师三尼医世说述》等，清末乩坛写就的《太乙金华宗旨》更是影响广泛。民间关于吕洞宾的宝卷、戏文不胜枚举，说吕洞宾是道教"生命力"最顽强、"生活"最为精彩的神仙，也不为过。

小知识：钟吕丹派

内丹修炼有地元、人元、天元之分，其根本原理是一致的：通过调养自身内在的精、气、神，以及心性层面的陶冶，遵照一定的次序，特别是仿照《周易》卦爻的变化以及阴阳交接的过程，从自身或彼家勾摄真气凝结为丹，以求变化精神及肉体，达到性灵命的升华。此即所谓内丹修炼之学。如果将苏元朗作为内丹学出现的历史"上限"，在他之后则有崔希范、彭晓、施肩吾、陈抟、张伯端、白玉蟾、张三丰等人，都对内丹学的发展做出了极大贡献。这些高道名士，或特立独行，或结成道派，而其中最为著名者，应属合称"钟吕"的钟离权和吕洞宾。道教界有所谓"少阳派最大，文始派最高"之说。明清的新出丹派，大多托名于钟离权和吕洞宾的门下，新出的较有名的丹道典籍中也不乏与钟吕有关者。

2　陆潜虚和东派

"东派"一词，首见于署名火西月，实为清人李涵虚编著的《海山奇遇》。该书云：

> 万历间有冷生者，不知其名字里居，业岐黄，喜游云水。每来湖南湖北，风月扁舟，吹铁笛以自娱。或言冷谦显相，或疑冷谦化身，皆无定论。生尝云："古来神仙，吾仰纯阳祖，及今张三丰，隐显人间，逢缘普度。"又云："纯阳有三大弟子，为群真冠：海蟾开南派，重阳开北派，陆潜虚汇东派。"吾愿入西方，化一隐沦，亲拜吕翁之门，身为西祖。一日上黄鹤楼，忽遇吕祖从空而下，谓之曰："汝欲临凡耶？今乃万历丙午，再候二百年丙寅之岁，手握金书，降于锦水之湄，精修至道，阐发玄风，为吾导西派可也。"言讫，吕祖即乘鹤飞去，冷亦不知所之。

冷生即冷谦，约为元末明初人，生卒年不详，传说活过百岁。冷谦在洪武年间任协律郎、太常博士，负责考定乐律，参与制定了明代郊庙乐章制度，李涵虚认为冷谦即是他的前生。文中提到吕洞宾三大弟子，即刘海蟾、王重阳、陆潜虚，其中陆潜虚开东派。而李涵虚著作《道德经注释》前有署名陆西星的《题"东来正义"诗》，其落款为"三清总校真函兼洞天秘藏事、文明普度先生、东派祖师、同仙史馆、愚弟陆西星拜题"，不但将陆潜虚与东派联系起来，还署名东派祖师，因此陆潜虚开东派并成为东派祖师的说法，是由李涵虚追认所成。

李涵虚与陆潜虚称兄道弟，并将之作为东派祖师，固然有自彰门户的原因，也与吕洞宾信仰有关：李涵虚是清代吕洞宾信仰的重要推动者，也是吕洞宾神话传说的重要塑造者。陆潜虚在北海草堂扶乩，感吕洞宾下降亲传丹诀并收为弟子一事，被明确记录在陆潜虚《金丹就正篇·自序》中，为李涵虚着力编纂吕洞宾行迹提供了素材，而陆潜虚精深的内丹理论素养也使李涵虚心生仰慕之情，从他自号"西月"与陆潜虚号"西星"相对，并将自己的著作总题《圆峤内篇》以相应陆潜虚的《方壶外史》等情况来看，李涵虚有意为陆潜虚树立宗师形象，与他个人对陆潜虚的推崇分不开。那么陆潜虚的真实历史为何？他的丹道思想又有什么特点呢？

陆潜虚生平及著作

陆潜虚，名西星，字长庚，号潜虚，又号潜虚子、三剑道人、方壶外史等，还曾署名"蕴空居士"注解佛经。他于明正德十五年（1520）农历十二月十四日生于扬州府兴化县（今江苏兴化市）的陆氏望族，先祖陆容曾官居户部郎中。陆潜虚家道殷实，擅长诗文，儒学素养极佳。他的著作透出俊雅淡然气质，与陆氏一族好文的背景不无关联。

《重修兴化县志·文苑传》有陆潜虚的小传如下:

> 陆西星,字长庚,生而颖异,有逸才。束发受书,辄悟"性与天道"之旨。为名诸生,九试不遇,遂弃儒服,冠黄冠,为方外游。数遇异人,受真诀,乃纂仙释书数十种。其《南华副墨》,为近代注《庄》者所不及。西星于书无所不窥,娴工文词,兼工书画。同时宗臣最以才名,而著作之富独推西星。

陆潜虚少有文名,与名士宗臣等为挚友,但他的仕途极为坎坷。从嘉靖十六年(1537)18岁时起,至嘉靖四十年(1561)42岁间,陆潜虚科场暗淡,九第而不中。加上好友宗臣的突然逝世,陆潜虚遂放弃读书求官而投身道教,将自己的才气挥洒于黄冠青灯之中。若细细考究陆潜虚的历史,会发现他于28岁即嘉靖二十六年(1547)开始专务内丹修炼,并建立北海草堂,在草堂之中开坛扶乩,感吕洞宾下降,传授丹诀。《金丹就正篇·自序》载:

> 嘉靖丁未,偶以因缘遭际,得遇法祖吕公于北海之草堂,弥留款洽,赐以玄醴,慰以甘言。三生之遇,千载希觏。既以上乘之道,勉进我人,首言阴阳合而成道。

"嘉靖丁未"即公元1547年,也即陆潜虚四次科举不第之后。此年,同乡李春芳中状元,张言、王陈策等人都中了进士,而陆潜虚则在北海草堂专心接乩,可见他心怀成仙之志,对科举并非十分上心,这似乎是他多次科举不中的原因所在。

举业不顺，但陆潜虚在道教修炼特别是内丹修炼方面一直有所进步，他与同仁"四溟姚君"姚更生、"遵阳赵君"赵栻等在北海草堂扶乩，共拜吕洞宾为师。吕洞宾自此成为这个修道团体的老师，一直指导陆潜虚达一生之久。而且据说吕洞宾派遣二仙童，一名素野，一名玉炉，伴陆潜虚左右，颇为神奇。陆潜虚的丹法来路一直是道教一大公案，道教界相信其丹法是由吕洞宾而来，但学界认为陆潜虚很有可能有不著姓名的隐师，也不乏托名吕洞宾的可能，但具体情形如何，早已隐没于历史之中。

陆潜虚一直对吕洞宾的降授内容有所记录，这些"玄授"构成了他内丹修炼的理路和实修方法的主要内容，而且大部分融进了《三藏真诠》一书中。陆潜虚尚写有《宾翁自记》与《道缘汇录》，作为降笔时吕洞宾谈论生平道业的记录，成为后来李涵虚编著《海山奇遇》的原始材料之一。

嘉靖二十六年（1547）初次下降之时，吕洞宾即传授陆潜虚等人阴阳调养的原理，将阴阳和合作为修道的筑基。嘉靖三十四年（1555），吕洞宾在南村万柳堂降授陆潜虚炉火外丹之法，"以白变白，黄不可用，中有至精可作大丹"，陆潜虚遂购置田地，专注于炼制外丹。嘉靖四十三年（1564），陆潜虚开始施行阴阳双修之道，"法祖纯阳老师降予宅，授予人元"。隆庆元年（1567），陆潜虚又得"周立阳先生"下降，周"以人元成道于云南"，陆潜虚与之时有交流，探讨人元丹法之奥秘。隆庆三年（1569），陆潜虚50岁，撰《周易参同契测疏》，力主人元阴阳丹法，记录实践阴阳丹法之心得。

万历四年（1576），陆潜虚开始撰写《南华副墨》，至万历六年（1578）完稿，时人认为"自先生《南华副墨》注出，而诸家注可尽废矣"，"（陆）所注《庄子》尤盛行于世"。

陆潜虚晚年又深入佛门探究圆性成佛之道。万历二十四年（1596），陆潜虚撰写《楞严经说约》，万历二十九年（1601）又撰成《楞严经述旨》，万历三十年（1602）复撰写《楞严要旨》。陆潜虚对《楞严经》钻研之深，可见一斑。

万历三十四年（1606），陆潜虚卒于兴化，时年87岁。《重修兴化县志》载："陆山人墓，北郭外十里平望铺葬布衣陆西星。"陆潜虚作为吕洞宾之"玄授"弟子，其修道始于北海草堂吕洞宾下降授法，终于炼性精研《楞严经》，其成就之大，颇受道教之后学推崇。西派创始人李涵虚在编辑吕洞宾诗词时，借吕洞宾之口赞誉陆潜虚道："潜虚潜虚，而今而后，撒尘海而上云霄者，惟我与尔有是夫！"可见在道教而言，陆潜虚是吕洞宾的正传，是其人元丹法的嫡系传人。

力辟邪妄，性命双修

陆潜虚从吕洞宾处所学的丹法，是求"八两真铅"于彼家的阴阳双修法门，但从陆潜虚的著作来看，他的丹法虽然属于双修法，却力主"清静为始，彼家为终"，以清修入手，以双修而结丹，明确反对男女交接的淫邪法，主张"男不宽衣，女不解带"的隔体神交。陆潜虚本身的修道经历，即从辨明阴阳而清修入门，中年筑基有成之后才转入彼家丹法，完全符合他提倡的丹法次第。

内丹修炼的基础来自先秦中国哲学对于阴阳的认识，这种认识又为道教所继承。道教认为，宇宙的根本在于阴阳二炁，万事万物即由阴阳两种性质相求而成，如天属阳、地属阴，天地交而生人；人分男女，男女即阴阳，阴阳相交以繁衍。《易传》中"男女构精，万物化淳"即这种观念的体现。道教将阴阳观念引入修炼之中，如《周易参同契》即将阴阳匹配卦象并十二消息卦以象征药物、火候、鼎器，其中阴阳是根本。房中修炼是道教传统的修炼方法，汉魏间的天师道、上清派等道派均有"黄赤之道"的修炼方式，即内丹双修派的前身。

对于双修派而言，最大的分歧在于男女两性的交接是真实的还是象征性的。不同的答案催生了双修丹法的不同流派，而且也产生了非常大的弊病。明代的士大夫爱好房中术，社会上艳情小说泛滥，宫廷之中，皇帝与臣子皆以服药、采战为时尚，如世宗皇帝纳陶仲文之方，张居正常服药物等，均使双修丹法蒙上了一层淫邪色彩。

《性命圭旨》对这些淫邪之道做了批判，其文指出：

> 盖玄夫大道，难遇易成而见功迟。旁门小术，易学难成而见效速。是以贪财好色之徒，往往迷而不悟。

陆潜虚的丹道以破邪显正为起始，他首先要破除民间对双修丹法的误解，革除流弊，因此专门撰写《七破论》来驳斥当时弥散在社会上的不正之风。文中指出，若能节欲保精，或可作为养生之术，但一般人都无法节制，反而堕入欲望，不过空乏其身而已。

那么什么才是真正的双修丹法呢？从他的名著《玄肤论》来看，陆潜虚将内丹修炼功夫分为两端，先行"玉液炼己"，后行"金液炼形"，前者以清静功夫在自身凝聚炼丹之汞，后者则通过双修的形式取一点真铅在彼家，共同凝结成丹，双修双成。陆潜虚的内丹修道功夫是"清静头，彼家尾"，注重性命双修以达得道成仙的境界。

陆潜虚的丹法简洁明了，次第明确，关节处也非常鲜明，正是这些特点令陆潜虚的丹法在道教历史上占据了一席之地，深受其后的李涵虚、民国的汪东亭以及陈撄宁的赞誉。不过,北海草堂并没有形成宗派,陆潜虚虽然有几位同修道友,但似乎并没有弟子传承他的丹法。若不是清代的李涵虚对之推崇有加,将之视作东派祖师,并将他的丹法容纳进西派的功夫中,陆潜虚的丹法有危亡之虞,因此当代的道教研究者多主张将二人的丹法结合起来看,并认为在某种程度上,李涵虚的功夫是对陆潜虚的延续。

3　李涵虚和西派

前文提到，道教传统认为，钟吕门下一枝开五叶，有东、西、南、北、中五派丹法，东派为明中期陆潜虚及其北海草堂传衍的道脉，西派为清中期李涵虚在川陕间传播的大江西派，南宗即北宋时期张伯端等南五祖创立的道脉，北宗即金元时期由王重阳开创的全真教，中派则为元人李道纯及黄元吉等所代表的"守中"一支。从时间上来看，南宗开创最早，西派最迟。东、西两派都是在家修道团体，南、北二宗则多为出家的道士传承。中派的传承不甚清晰。若从历史和义理两方面来看，南派与北派渊源深厚，东西两派瓜葛更深。李涵虚的丹派和丹法有意继承陆潜虚的思想，因此谈论西派时不能不关注它与东派的一脉相承性。

与其他丹派不同，李涵虚建派的意愿是非常明确的。他不但构建了新的修道理路和丹法，而且有意识地建立新道派，通过建构吕洞宾的祖师地位和相应的仙迹来树立自己道派的合法性。李涵虚行迹虚虚实实，带有一定的神秘色彩，以《乐山县志·李平权传》为可靠，不过即便是《县志》也颇多神秘之处，只待后来者详考了。

推崇吕祖，创立西派

李涵虚（1806—1856），四川乐山人，名元植，字平泉（或作平权）。大抵在入道之后，李涵虚依照陆潜虚号"西星"而改名"西月"，依照陆潜虚字"潜虚"而改字"涵虚"，又字团阳。著述则署有长乙山人、圆峤外胄、尧舜外臣、涵虚子、火西月、紫霞子等多个名号。

《乐山县志》所载李涵虚小传，重点记述了李涵虚在李家河遇仙之事，其在俗修道的生动形象跃然纸上，传曰：

> 李平权，号涵虚，乐邑诸生也。住凌云乡之李家河。河故浅狭，舟楫不通，平权书舍近焉。一夜月明，偕友散步其处，见溪中一渔舟，有老翁对月仰卧而歌。平权默计此地向无渔人，何来此翁，因与友人同诣之。问间，知非常人，遂邀至馆，师事之。居年余，颇有所得。时李嘉秀主讲九峰书院，平权为其门人。久之，嘉秀知其有异，转师之。著有《无根树》。临终时，与族人宴座联句，结云"儿女英雄债，从今一笔勾"，吟毕，偈曰"清风明月，才知是我"，溘然长逝。

由其弟子李道山撰述的《李涵虚真人小传》则对其身世有更详细的描述。根据此传，李涵虚自幼业儒，为庠生，善诗词，嗜酒善琴，但体质不佳。20岁时曾偶遇吕洞宾而不识，之后患伤血症至峨眉养病，幸遇著名内丹家孙教鸾弟子郑朴山。郑朴山为之治病有验，但告诫他金石草木之药只能治标，实践内丹修炼、内在的调养才是治本之道。李涵虚深为折服，"即稽首皈依，遂传以入道秘修口诀"。传道之后，郑朴山更预言："大劫将至，子宜速修救世，更有祖师上真为师。"暗示其将遇到吕洞宾和张三丰。

《小传》记载，李涵虚"后至峨眉山，遇吕祖、丰祖于禅院"，吕洞宾将其名字改换："师初名元植，字平泉。吕祖改为西月，字涵虚，一字团阳，密付本音。"改名意味着李涵虚别立道统，而此一道统（西派）是由吕洞宾新立，因此必须要将西派与吕洞宾产生关联。李涵虚取陆潜虚所编著的《宾翁自记》《道缘汇录》等吕洞宾行迹之书，编为《吕祖全书》，其中有"大江派偈并引"谓："余前作《大江吟》，人多以'大江'称我，怍良深矣。今诸子诵之，同然心喜，请开'大江'一派，纯阳苦不敢辞。因按《禹贡》经文，'岷山导江'八句，书九字曰：'西道通，大江东，海天空。'以此循环，合九转之义。偈曰：大江初祖是纯阳，九转丹成道气昌。今日传心无别语，愿君个个驾慈航。"通过吕洞宾此偈，李涵虚确立了西派的源头，并且拥有了自己的道统系谱。

那么为何吕洞宾要立李涵虚为西派的祖师，与王重阳、张伯端、陆潜虚等人地位平等呢？据李涵虚的解释，是因为他前生为冷生时就是吕洞宾的弟子，与吕洞宾有一段前缘，自己投胎为人带着立派的"使命"。

历史上冷谦确有其人，《明史》载，洪武元年（1368），明太祖"置太常司，其属有协律郎等官。元末有冷谦者，知音，善鼓瑟，以黄冠隐吴山（在今浙江杭州）。召为协律郎，令协乐章声谱，俾乐生习之。……乃考正四庙雅乐，命谦较定音律及编钟、编磬等器，遂定乐舞之制"。冷谦擅长音律，元末避乱世而入道，明末清初人姜绍书所撰《无声诗史》对其事迹记载更详细：

> 仙人冷谦，字起敬，武陵人，道号龙阳子。洪武初以善音律仕为太常协律郎，盖百余龄矣……中统初，与邢台刘秉忠从沙门海云游，无书不读，尤邃于《易》及邵氏《经世》，天文、地理、律历、众技皆能通之。至元间，秉忠入拜太保，参中书事，君乃弃释业儒，游于霅川。与赵子昂游四明卫王府，睹唐李将军画，忽发胸臆效之，不月余，山水、人物悉臻其妙……由此以丹青鸣于时。隶淮扬，遇异人，授中黄大丹，出示平叔《悟真》之旨，悟之如己作。至明百数十岁，绿鬓童颜，如方壮时。所画《蓬莱仙弈图》，尤为神物。图后有张三丰题识，二仙之迹，可称联璧。先生于永乐中有画鹤之诬，隐壁仙去。

《海山奇遇》点出冷谦下生的因缘时，借吕洞宾之口说："今乃万历丙午，再候二百年，丙寅之岁，手握金书，降生锦水之湄，精修至道，阐发玄风，为吾导西派可也。"李涵虚恰好出生在陆潜虚卒后两百年的丙寅年，而根据冷谦的传记，他曾得到过异人传授（很可能即吕洞宾与张三丰），李涵虚亦同样有偶遇异人的经历，这些都无非告诉别人，李涵虚即冷谦后生。他在《道情诗杂著》中云："自记前身是冷生，湖南湖北一舟轻。为何惹下西方愿，云水烟山浪荡行。"李涵虚虚构自己是冷生的转世，是为了接续陆潜虚的东派，别开西派而来。

李涵虚搜集编纂了《吕祖全书》，校订了吕洞宾的"年谱"，对吕洞宾信仰产生了极大的推动作用，其中也不乏李涵虚自己新创的内容。为了给这部"年谱"增加神圣性,李涵虚自称遇到"吾山先生":"谱成,有一老人,长须五绺,号吾山先生,携一扬州俊士,同称南中人,声欬若洪钟。见年谱而阅之,云得吕祖实际,并为旁批数十行,飘然而去。月时,方炊炉煮酒,拟待幽人及排尊候教,已不知其所之矣。或以'吾山'者,五口一山也。'南中'者,'终南'颠倒之语。又词名有'南中吕',必系吕先生也。扬州俊士,其即陆仙乎?"所谓"吾山"即"五口一山",组合起来是一个"岩"字,即吕洞宾的名字。这些故事写得神乎其神,充满了隐喻。

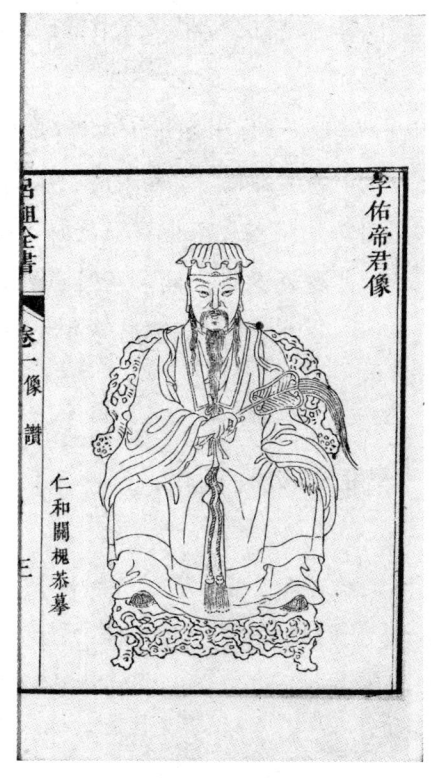

《吕祖全书》书影

二 丹脉纷呈:明清新出丹派及丹籍

当然这些只是宗教家的观点,并不符合史实,李涵虚所引用的"示冷生"一段,不见于其他《吕祖全书》版本。但李涵虚一派宗师的地位,与他修道极为刻苦、著述极为丰富分不开。他先在洞天之中苦修"钻杳冥"七八年之久,对收心稍有把握,而后苦修丹道。在《收心法题词》中,李涵虚自称已在天上被封为"善教大真人",又在岷江、青衣江、大渡河三江交汇的"青衣别岛"隐居,建长乙山房,不干世事,往来随学者甚众。

李涵虚著有《道言十五种》《九层炼心》《文终经》《后天串述》《三车秘旨》《道窍谈》等著作,今人合为《圆峤内篇》行世。他又将吕祖年谱、圣迹、丹经、救世等书删订,名曰《海山奇遇》,并订正了张三丰的著作,名为《三丰全集》。

李道山于咸丰六年(1856)拜李涵虚为师,时李涵虚年约五十,望之如三十许人。该年李涵虚羽化,"异香满空者七日"。李涵虚弟子甚众,其中得大丹者为周道昌。值得注意的是,尚有教外别传一支,由吴天秩传下,以"身外虚空"闻名于丹道界,吴氏的传承是否即李涵虚亲传还有一定的争议性,周道昌等直系传承目前已经难以寻见。

九层炼心,阴阳合修

李涵虚的丹法从磨炼心性入手,炼己功夫十分详尽,修心次第按照环节逐步深入,有"九层炼心"之说。通过材料文献来看,西派的丹法存在清静与双修两支:清静功夫以自身阴阳交媾而结丹,双修功夫依然以清静功夫为先,并将涤炼心性贯穿始终。为什么需要双修法呢?李涵虚认为,人的本性自然清静,情欲未开,童体未破的情况

《三丰全集》书影

下,可以直接通过清修而得道。但普通人受到后天的杂染,在情欲已开,损精耗神的情况下,空修清静恐难以成就,因此必须要"启玄门而辟径路,还元返本,所以资同类而补真身也"。"同类相资"就是"竹破竹补,人破人补"的阴阳双修人元丹法。但李涵虚同时指出,"同类相资"只是小术,甚至只是"画蛇添足"之举,如果中年人能够凝神有法,调息有度,按照清静功夫的修养方式,一样可以达到开关展窍的成果。

李涵虚的丹法,第一阶段的功夫是筑基,筑基的主要内容是"宝精裕气",通过禁欲来养精,通过炼气静坐来养气。第二阶段的功夫是炼己，炼己一则从外在把心收回来，不再追求世间的名闻利养，和光混俗，专务修炼。二则通过九层炼心的方法来炼己。

　　这个功夫极为烦琐和艰辛，据说仅有周道昌一人完成。有趣的是，尚有吴天秩一系传承"身外虚空"之法。徐颂尧《天乐集》记："天秩师翁，往事汉皋，遇李祖涵虚于西安东岳庙也。时李祖方隐于卜筮，杂在测字队中为人决休咎。天秩师翁往来汉皋时，尝住柯师伯店内，经年余不露尘角，众以为普通纸贩商人而已。"吴天秩所得李涵虚传授，当在其羽化之后，因此由历史而言，吴天秩是否真传尚有争议，不过就其理法而言，是纯走清修路子，其理路和方法与陆潜虚《玄肤论》"创鼎于外"，及李涵虚《三车秘旨》中所涉口诀极为契合，因此其作为西派传承在理路上是可信的。"身外虚空"经清末民国几位著名丹家，如汪东亭、徐颂尧等弘扬后，如今在海内外道教界依然有一定的影响力。

4 伍冲虚、柳华阳和伍柳仙宗

正一道士因擅长斋醮科仪,贴近民俗,故有明一代以张天师为代表的正一派,广泛受到社会各界包括皇室的尊崇,崇道之风在嘉靖朝达到顶峰。正一派与全真教发生了某种程度的交融,道教界出现了"北宗、南宗及正一教多通而为一矣","守全真教,学正一宗"的特殊现象。全真道士拜正一道士为师学习斋醮,正一道士从全真教受戒、求学内丹的情况,并不罕见。在"三教合一"思潮的影响下,道教对佛、儒的吸收有了新的形式,表现为道教的内丹家普遍运用佛教的理论和词汇(特别是禅宗)来诠释内丹,"大量儒释思想被融入道教,已成为入明以后道教的一大特色"。

明清易鼎之际,大量的知识分子为了保持文化身份的独立性,选择"逃禅"或"逃道",其中最著名者应属方以智和傅山。这些遗民对佛教和道教的发展有着很大的推动作用。这就是为何明清出现的一些新丹派中时常出现"仙佛合宗""佛道同修"的情况,最为著名者当属伍冲虚传承的"天仙正传"。从《天仙正理》和《仙佛合宗》来看,伍冲虚所传从后天有为法入手,循门径而至无为,且善厎佛理,在明

二 丹脉纷呈:明清新出丹派及丹籍 | 111

末度化了一批上至王公、下至平民的门人修道，在江西、江苏等地都有一定的影响力。

伍冲虚生平

后世对伍冲虚生平的了解，多依据闵一得的《伍冲虚律师传》。闵一得对伍冲虚的生平描述多靠传闻，而《伍柳仙宗》则保留了一些史料，可供参详。

伍冲虚，名守阳，号冲虚子，江西南昌人，明万历二年（1574）生于官宦世家，崇祯甲申岁（1644）"隐迹仙去"。伍氏父健斋先生，万历六年（1578）任维摩州刺史，客死其地，从此伍冲虚家道中落。伍冲虚"幼孤、家贫"，然奋志力学，持身高洁，"一介不苟取，长而薄荣利，笃好道德性命之言，造次颠沛弗离也"。

万历二十一年（1593），伍冲虚遇到真人曹还阳。曹还阳生于嘉靖四十一年（1562），法名常化，还阳为其号。曹还阳师从李虚庵，李虚庵师从虎皮张。虎皮张名张静虚，为全真教龙门派第五代弟子，于四川得丹道真传修炼成功，隐居武当山。李虚庵在庐江行医，师从虎皮张36年方得尽传，但一直因缺少外护而未能成道。伍冲虚《直论九章之直论起由》云："张真人于万历己卯年（1579）度李虚庵，至壬午（1582）复至李家，助李银为行道之资。李真人于万历丁亥（1587），受曹还阳请，至其家，曹与三友各具赆六金助道，不足。戊子（1588），曹三友又助金三十金，而修成证果矣。"李虚庵授曹还阳以金丹秘诀，后者经苦修得"五龙棒圣，转神入定为怀胎"，天启壬戌（1622）六月十二为出阳神，入新建县西之西山面壁还虚，不知所终。

自 1594 年至 1622 年，伍冲虚师从曹还阳 28 年之久，尽得曹还阳之传。伍冲虚出入三教，精通佛理，但对儒、释、道三教都不甚满意，故自称"三教逸民"，将其丹法称为"天仙正理"或者"龙门教外别传"，需"仙佛合宗"。伍冲虚在其著作如《天仙正理直论》《丹道九篇》《仙佛合宗语录》《金丹要诀》中，将其修炼经验记述得非常详细。这些著作中多载伍冲虚与门人道友对谈问答之语，记录的弟子人数众多，其亲传弟子有姚耕烟、谢凝素等人，也有王公显贵如吉王朱太和，可见伍冲虚的影响十分广泛。

伍冲虚性至孝，随侍母亲至其 90 余岁无疾而终，时在崇祯十三年（1640）。待母亲坐化后，伍冲虚感到尘缘已了，"隐迹仙去"，一说避战乱携弟遁入山中，留书于世，莫知所终。

道光二十六年（1846），正青山人梁靖阳合刻《金仙证论》及《慧命经》并序，始出现将清代丹家柳华阳与伍冲虚合称之说。至光绪二十二年（1896）夏，邓徽绩等募捐合刻《天仙正理》《仙佛合宗》《金仙证论》《慧命经》，命名《伍柳仙宗》，开启了伍冲虚历史的一个悬案，即柳华阳是否为伍冲虚的真传、伍柳派是否真实存在等疑问。

复性为本，神炁为宗

伍冲虚的丹法理路颇为重视"仙佛合宗"，那么什么是"仙佛合宗"，仙与佛又合在何处呢？在伍冲虚看来，仙的宗旨是长生，长生是命功的指归，佛的宗旨是无生，无生是性功的指归，因此所谓"仙佛合宗"也就是性命双修的代指。《仙佛合宗语录》指出，还虚即还虚尽性，还性于精一。人之性，其体性为虚，"虚也者，鸿蒙未判以前，无极之初也"，这个"虚"实际上就是禅宗所说的"未生前本来面目",也即儒家所说的"穷理尽性"的性。"面壁还虚"之法,伍冲虚指出,即"唯在对境无心""万象空空,一念不起""过去心不可得,现在心不可得,未来心不可得",所谓合宗,即合此宗。由此看来,伍冲虚的仙佛合宗,即是以佛家论心性的宗旨来讲论丹法中的炼性或复性功夫。

伍冲虚丹法的关节,在于把握神、炁。"仙道简易,只神、炁二者而已。"所谓神,除了精神、意念以外,还代表着一种觉知觉照的能力,在丹道修炼中,神与性的概念有时可以互通,这就又给神赋予了一种心性论的色彩。伍冲虚指出:"双修之理,少一不得,少神则炁无主宰不定,少炁则神堕顽空不灵。是炁也、神也,仙道之所以为双修性命者也。《西山记》云:'虽知养性之理,不悟修行之法,则生亦不长,虽知修炼之方,不得长生之道,则修亦无验。'"神指代心性,炁则泛指人的形质和生命力。伍冲虚认为,精、气、神是修炼的三宝,但他之所以只言神、炁,是因为精与炁是同一的。

柳华阳续传道脉

伍冲虚隐迹之时,正逢明清易鼎,动荡的社会环境并未给伍冲虚的丹道留下弘传的空间,其弟子们很快隐没在历史长河中。光绪二十二年(1896),邓徽绩刻印《伍柳仙宗》一书,将伍冲虚与柳华阳的丹道著作编订在一起,书序云:"明季伍子为直浅之说以开其先,国朝柳子为证论以衍其绪。"首将柳华阳视作伍冲虚的继承者。柳华阳也自述于清乾隆四十五年(1780)偶遇伍冲虚传金丹大道,时距离伍冲虚隐迹已有250年之久。清嘉庆四年(1799),僧了空、了然又谓在北京仁寿寺得柳华阳之传,并在光绪二十一年(1895)传道给赵避尘。道教界逐步将伍冲虚和柳华阳所传视作一个独立的丹派。了空、了然和赵避尘的"千峰先天派"又被视作伍柳派的一个分支。

柳华阳(1736—?),豫章(今南昌)人,闵一得则说"有谓安庆人,有谓武进人"。"因入梵宇有悟,常怀方外想,见僧辄喜",因此弃儒入禅,在皖水双莲寺出家。出家后,四处访法求佛,仍了无所得,于是罢参访,坐而悟道。《慧命经自序》称,柳华阳"于每夕二鼓,五体投地,盟誓,虔叩上苍,务求必得",自称乾隆四十五年(1780)遇伍守阳授全诀全法,"乃知慧命之道,即我所本有之灵物"。由此记述可知,柳华阳并非标准意义上的佛教僧人,他追求的是成仙得道的性命之旨,在佛教中寻不到这类修炼方法是必然的。柳华阳谓得伍冲虚之传,是读书读久得来的感悟,还是通过扶乩降笔,真实情况并不明晰。

柳华阳著作颇丰。乾隆五十五年(1790),他著成《金仙证论》;乾隆五十九年(1794),又撰《慧命经》;嘉庆四年(1799),于北京仁寿寺补充前后《危险说》。据说,闵一得曾于北京天坛见到柳华阳,《金盖心灯》载:"嘉庆四年,有僧称柳华阳者,寓京师之天坛东侧,年约四五十许。"柳华阳并将所著之书出示给闵一得看。

然而,关于柳华阳的师承和著述,至今存有异议。伍冲虚亲传弟子谢凝素,先后求道于伍冲虚弟子姚耕烟、伍冲虚本人以及王常月,撰有《金仙证论》《慧命经》《金丹火候》等书。《金盖云笈》载其著书时间为顺治丁酉(1657)至康熙癸亥(1683)间,而且闵一得看过这些书。闵一得弟子陈颐道,在其诗作《孤山咏谢凝素》中提到:谢凝素著《金仙证论》及《慧命经》二书,今为柳华阳所刻。因此,有些学者怀疑,柳华阳既非伍冲虚弟子，也非《慧命经》等丹书的作者，只是因读书而有悟，在谢凝素原著的基础上修改而成书。

柳华阳被归为伍冲虚的后学，与他坚持"仙佛合宗"有关。他发扬伍冲虚"仙佛合宗"的精神，将佛教的最终果位等同于道教修炼的最终果位，同时认为佛教在炼性上有优势，但在修命上没有可取之处。他还常以道教的意涵来解释佛教的词汇，比如他认为舍利就是金丹，而佛教典故龙女还珠就是比喻养内丹的方法等，以此来彰显道教内丹修炼的优越性。

柳华阳的丹法发扬了伍冲虚炼精化精之说，入手方法极为明确，但毁誉参半，主要原因在于有为太甚。如陈撄宁曾言："伍柳一派，不是上乘"，"《天仙正理》一派，也可以算是天元，但嫌其太着迹相耳"。他人亦有诸多说法，如"遵《楞严》之漏尽，表《华严》之奥旨，合诸经之散言，明此双修之天机，不堕旁门，一片婆心尽在此书矣。……寂无禅师而后非华阳，其孰能以浅近喻至道，以显露泄密理，而传后世于无穷哉"，"发前圣之未发，启后人之未启，仙佛之舟梯，修真之简径"，等等。柳氏为表达自己的观点，常有改造佛教词汇和杜撰佛经之嫌，因此民国佛教大师印光法师对柳华阳及《慧命经》评价甚低，直斥该经为"魔经"。

柳华阳在《慧命经自序》中说："余隐迹江左，与二三道侣焚修切究。因碧蟾、了然、琼玉、真元，苦修已成舍利，默契师传，故纂集是书，命曰《慧命经》。"可见了然等是他极为密切的弟子。柳华阳著作中虽载有《了然五问》，但二僧的历史缺少记载。了然的记载再次出现，出于民国的丹家千峰老人赵避尘的相关介绍。据说，嘉庆四年（1799），柳华阳居京时传丹诀于了空，而约百年后的光绪二十一年（1895），赵避尘由淮安关水路过金山寺时，从了然、了空得丹诀，继承伍柳派,并著述《性命法诀明指》一书来传授伍柳的丹法。1942年赵避尘羽化之前,授徒甚多,其徒众有"千峰先天派"之称,也被视作伍柳派的支系。

5　闵一得和西竺心宗

明清易鼎之后，清初统治者中，顺治崇佛、康熙尊儒，都不取用道教，道教争取清廷上层信奉的努力宣告失败。除了雍正、光绪两朝，道教短暂地在宫廷"昙花一现"，整个清代，道教在宫廷的发展都比较沉寂，既没有出现如明代一样借道"道录司""神乐观"的"终南捷径"，宫观组织之中也较少出现能推动道教在理论上、组织上"自我更新"的高道，从这个角度上看，清代道教并未取得良好发展，而是逐步衰落。

但从民间的视角来看，道教还在有条不紊地发展着。一方面，宫观之中的传戒活动还在继续开展，顺治、康熙年间，王常月等龙门派高道从北而南复兴道教戒律，天仙大戒一时恢宏；另一方面，道教的丹法理论和修炼形式也有新的发展，如前所论及的李涵虚、柳华阳等人，都游离于宫观之外，形成独特的修道团体，成员跨道、俗两界。此外，清朝官方虽未如前朝般主持修撰《道藏》，但康熙年间，江苏苏州人彭定求辑《道藏辑要》，增收了明版《道藏》中失收的百余种道书，又多收民间扶乩颁降的道书，展现了道教在民间的信仰状态。

清代也出现了不少高道，如乾嘉时期，浙江湖州金盖山出现了一位高道闵一得。闵一得从王常月处受戒，与同时代的高道多有交往，并留下很多相关记录。闵一得师承多人，合全真内丹修炼与正一祭炼之法为一炉，又把从天竺（经云南）传来的"大梵先天梵音斗咒"及诵咒诵微言的方法纳入其传承中，并持戒精严，成为道教金盖山的一派宗师，独领时代风骚。闵一得继承道教"经身理国"的传统，并饰以吕洞宾信仰，撰《吕祖三尼医世功诀》，提倡利人利己、"治身医世"之说。闵氏对其学其传自有一番总结，提出："（学人）当以《参同》《悟真》了命，《大洞玉经》化凡，唱道真言炼心，然后以三尼医世证果，则医世经义自可默会，而行之自有步骤，使世之士，从此上续三尼心学，累行积功，天仙之梯航也。""三尼"即三教圣人，可见闵一得之学杂糅三教、兼综各家而自成一体。

闵一得生平

闵一得，浙江吴兴（今湖州市吴兴区）人，名苕旉，字补之，一字小艮，号懒云，又自称闵真仙、发僧际莲氏。其父闵大夏举于乡，授河南息县令，寻改教谕余杭。闵一得的卒年比较确定，为道光十六年（1836），其生年有乾隆二十三年（1758）、乾隆十三年（1748）两种说法。杨维昆《闵懒云先生传》和沈秉成《懒云先生传》皆云其享年79岁，但汤志素《金盖山人传》云："（闵一得）年八十有九，葬于金盖山中。"《金盖心灯》卷五《陈樵云律师传》云："余（闵一得）年十五，尝从兄读书云巢。"后有鲍廷博注云："时乾隆二十七年，岁次壬午（1762）。"考虑到闵一得与鲍廷博的特殊关系，享年89岁说较为合理。如其他高道一样，闵一得的出生也伴随着一些"奇迹"。据其自述和旁人记载，闵一得出生之时，其父梦见天降一盏红灯，其母则梦到有道士三人，一老二少，递来一片纸，上书"贝懒云"三字，然后老道士入房不见，闵一得随即降生，因此闵一得的父母均认为闵一得是洞霄宫的道士贝懒云投生。闵一得自号"懒云"也与这个出生神话有关。

闵一得自幼体弱，膝盖发育不良，行走极为不便。9岁之后，随天台桐柏宫高东篱习导引术，皈依龙门派。三年从学，疾病痊愈，如获新生。下山后，闵一得博览全书，学究性理之道，但无心于科举。及壮，以父命入赀为云南州司马，服官滇南。不一年，以父丧归，不复仕。闵一得足迹半天下，先后遇金怀怀、白马李、李蓬头、龙门道士等人，皆龙门西竺心宗诸师，相与讲论，多所契合。据鲍廷博的注文，高东篱仙逝于乾隆三十三年（1768），同年闵一得转师沈轻云，沈氏时年60岁，闵一得20岁。沈轻云不谈神异，不谈吉凶休咎，只谈修养道德及涵养心性之法，有"十义"："曰忍辱，曰仁柔，曰止敬，曰高明，曰退让，曰刚中，曰慧辨，曰勤，曰信，曰廉。"可见他的修心功夫是以儒家伦理道德为基础的。沈轻云所传龙门方便法门，其核心即《天仙心传》中"虚寂恒诚"四字，都是内诚心地、外度群生的道教"内圣外王"功夫。有关沈轻云的事迹，闵一得在《沈轻云律师传》中写道：

（沈轻云）究心儒书、耽性理，参《周易》五十余年。其得力在慎独，其致功在真诚，步趋语默，未尝心离中正也。晚岁通神知未来，洞悉三数一贯而谦让不自盈，亦未尝预示可否。人问吉凶悔吝，但据理以答之，不涉神异。

师尝语人曰："有道德者有神通，无道德者无神通……

> 关尹五千惟明道德,可知:道德,体也;神通,用也。取其用而遗其体,适成其妖孽。君子则不然,廓其真灵,养其真气。积之宏,畜之久,及时流露,有行乎其所不得不行,止乎其所不得不止之妙。"

闵一得另一个重要师傅是王常月。王常月在顺治、康熙年间于江南传戒之事,前文已叙述过,兹不赘述。闵一得十分重视持戒修道,其龙门方便法门,就建立在以五伦、八箴等伦理规条自我约束之上。

闵一得第三位重要老师是一位极其神秘的人物——鸡足道者黄守中。据闵一得记载,"野怛婆阇,华言求道士",自称月支人,云游至云南,传西竺心宗,所精唯斗法。顺治十六年(1659),野怛婆阇进京,遇王常月,求受大戒并得赐名黄守中,王常月嘱其"但住世,越百三十秋,大戒自得"。闵一得于乾隆五十七年(1792)手持大戒书往云南拜会黄守中,停留三月,向黄守中学得"大梵斗法"。临别时,黄守中特意举行传法仪式,他手录大戒书,悬挂王常月的画像,"泣拜而祝",并嘱咐闵一得"西竺至宝,汝已易得,善护正宗",要他持戒精严,不稍松懈。闵一得离开后不久,黄守中就羽化了。

闵一得回金盖山后,修建堂宇楼观,并时常讲学,往来求道者无数。70岁时身如壮年,冬天不着棉衣,也不惧寒冷。闵一得为阐明所传,力辟邪径,撰《金盖心灯》八卷,又四处搜编道书,辑书《隐楼藏书》30余种,为同期很多高道留传。传说他预知羽化时至,临终前夜撰楹联"修道只为求己志,著书未尽度人心",又集《孟子》书曰"不失其赤子之心,善养吾浩然之气",洒脱离世。其后费阳熙主持金盖山纯阳宫讲席,会讲不断,"从学显者甚众,所传甚广,近江浙各云坛,悉皆出自师门,秉金盖之遗续,启方便之法门,闵祖而下,伟为一代宗师"。

虚寂恒诚，三教同修

闵一得之学，大略可分为天仙心传、中黄直透、大梵斗法，其学首以"虚""诚"而证道。闵一得的丹道思想以天元丹法为标的，内炼心性，还神于虚，外持净戒，事理身医世之功，讲求的是内炼外达的济世成仙之道。其学问修持的根底，即体神于虚空，诚意于对境，修持总不离开涤心自律，这也是闵一得从沈轻云处得着的正传。闵氏将"虚"与"诚"单独提拈出来，作为其功夫的总纲："（天仙功夫）揭其总持，不外虚寂恒诚四字而已。四字所宗，自完神始，即以神完为究竟之学焉，诚不过以神为身世主耳。"谈"虚"与"诚"，即以伦理道德为炼心炼性之根基，并将佛教之理作炼性之辅助，"惟诚与恒者可以入道，可以证道"。

闵一得指出，修道先以"正念"为宗："必先坚持正念，就伦常日用中，处处惩念窒欲，真实无妄，是为炼己。"次以"无念"为圭旨。与惯常的北宗丹法修炼一样，闵一得亦强调先性而后命，性功纯熟，命功只取片刻，便陡然成真。他指出，天仙心传之法简易而无繁，唯在无念而已。"无念"端的是将私欲偏情一切放下，则真阳自然启动，故而闵氏之学"既无卦爻，又无斤两，澈始澈终，惟守无念二字。得念与成，付诸东流，念始归一焉"。

虽然以"无念"贯穿始终，但丹道修炼的目的并非"无念"，而是要通过"无念"回归到对自身心性本地的认知确认。这就涉及何为"性"、何为"我"等对人的属性和本真性的体悟。在闵一得看来，性即道，即法身，其本质为无我，其功用为医世之能。在对心性的把握中，尚需不偏执有无，不执着观空和著空的有为造作，才能在离言绝思之中把握性体。

再次，以"中黄直透"为捷径。丹书中历来有"赤道、黑道、黄道"三种脉道之说，这三脉道涉及周天的回路。"赤道""黑道"通常对应任督二脉，"黄道"所指为何，一直没有确切的说法。闵一得在《泄天机》中对"中黄直透"略露端倪，但并未多着笔墨。

最后，以玄科为医世之途径。闵一得在王常月处以全真教受大戒，从沈轻云、黄守中等处学得科法，并将梵音佛咒掺入正一科文，重新撰著《医世玄科仪则》。闵一得常用"一字顶轮王真言""持世陀罗尼"等梵咒，但并不皈依佛教，只是取其灵感而用，闵一得自述道："我宗功法，一准天元，中间杂有作用者。盖以学人向自世尚入手，不得不假有作以致中庸耳。"他坚持道教本位，以儒家日用伦常为修道根基，杂以佛家的密咒微言，"以儒释之精华，阐道家之元妙"，这种三教合修之风是明清道教理论发展的底蕴，闵一得运用起来得心应手。

三 教外别传：明清儒道合一的民间传统

1 会三归一的龙江夏教

成立于晚明正德至万历年间，流传于闽、浙、赣、湘、皖、鄂、鲁、直隶等地的三一教，是具有鲜明特色的中国本土宗教，至今依然传播于福建及东南亚等地。三一教又称龙江夏教，"龙江"是三一教创始人林兆恩的号，"夏教"是三一教的别称。三一教之名意为取"道释归儒，儒归孔子"，合三教而归一；"夏教"之名则取夏为一年中至阳至热、为大为中之意，也有肯定三一教如日正中的意味。三一教将老子视作"清尼"，将释迦牟尼视作"牟尼"，林兆恩则为"夏午尼"，与老子、释迦是同等地位的圣贤。三一教以儒家人伦纲常为成人之本，以道教功夫为修身养性之本，以体悟佛教的空为取证大道之本，将三教之学合为一教，不偏废一家。实际上，不论从科仪仪式还是从具体的信仰及修炼功夫来看，三一教都具有浓郁的道教色彩，因此，近些年学界对三一教究竟是一种民间信仰还是道教的一种表现形态，有些争论。

明代三教合一的思潮是三一教形成和发展的底蕴。王阳明以致良知作为衡判三教的标准，认为三教的差异只在毫末之间。但未从根本上肯定三教的无差别性。林兆恩家族虽以阳明心学作为林氏家学,在三教关系上却比王阳明走得更远。林兆恩明确认为三教所秉持的是同一之道,差别只在表现不同。能在三教的差别中看到其无差别性,"统而同之,合而一之",将三教"同归于无名,返于无始"。三一教教众认为这正是林兆恩的伟大之处,也只有三一教才能够同传三教之道统。不同于其他同样认同三教一致的儒家学者,林兆恩不但自称继三教之道统,在世之时即以"三教先生"之名成立了膜拜团体,其弟子敬之如神,彻底走上了宗教化的道路,因此为儒林所摈弃。黄宗羲就曾评价:"兆恩本二氏之学,恐人之议其邪也,而合之以儒,卒之驴非驴,马非马,龟兹王所谓骡也,哀哉!"认为林兆恩只是窃孔子而隐藏佛道之学。若从学问而言,林兆恩与儒家的功夫论截然不同,因此与儒家分庭抗礼而自成一家;若从宗教发展的角度视之,则三一教的所传所信符合中国传统民间信仰的特点,以之为"邪"只是卫道士的管见而已。

林兆恩生平

林兆恩,字懋勋,号龙江,道号子谷子、心隐子、常明先生,晚年自认达到混化之境,故又号混虚氏、无(元)始氏。明正德十二年(1517)生于莆田赤柱,明万历二十六年(1598)卒,年82岁。林氏为莆田望族,祖上于唐天宝年间曾出过一门九位刺史,世称"九牧林家"。林兆恩一支出自九牧中长房端州刺史林苇,其祖父林富是弘治十五年(1502)进士,与王阳明为同侪。正德元年(1506),林富授大理寺评事,上疏弹劾刘瑾等"八虎",并替言官向皇帝进言,因此得罪刘瑾而下狱。林富于狱中结识王阳明,二人相谈甚欢,王阳明贬谪龙场时,林富同贬于广东潮阳任县丞。刘瑾伏诛后,林富被起用为宁波知府,官声斐然。嘉靖五年(1526)后任广西右布政使,与时任两广御史的王阳明又为同僚,并辅助王阳明平定八寨民乱,深受王阳明赏识。林、王二人亦师亦友,王阳明辞世前,荐林富为兵部右侍郎,总制两广。林富深明心学宗旨,善用兵事,政声极佳,致仕后于家乡弘传心学。少年林兆恩在祖父林富的教导下从举业,深受林富及心学影响。

林兆恩矢志读书,少有文名,16岁即撰《博士家言》畅言心志,有入仕之抱负。18岁时补弟子员,已有秀才之实,但之后举业不顺,至嘉靖二十五年(1546),四次赶考均名落孙山。此时林兆恩刚满30岁,尚在青年,仍有赶考机会,却做惊人之举。他放弃举业,"锐心学道",开始四处寻师访道,追求性命之学。从林兆恩行迹来看,30岁最后一次赶考无果,令他断了入仕之想,专心致志于三教之学,很可能是在多年的读书就学之中对三教之学有所领悟,已将参究性命作为学问宗旨,将入仕视作末流。故而,他挣脱儒宗的桎梏,反倒能任己于佛、道之中。林兆恩学问志向之变,《年谱》略有透露:"从儒者讲道,徒见其详于手容足容之间,剖析支离之陋,恐孔门授受之指,似不如此也。乃复弃去儒者之学,而从二氏者流,徒见其溺于枯坐顽空之习,搬精弄气之术,又恐释迦老子之道,似不如此也。"在林兆恩看来,儒家学问支离破碎,佛、道却又偏执一端,三教似乎都有所欠缺,因此他一边收徒授业,传授所悟,一边又四处寻访高人,求解心中之惑。

对林兆恩影响较深者,是当时莆田的奇人卓晚春。卓晚春号上阳子,常蓬头垢面,不遵常俗,混迹于方外,好与文人雅士交游,是一位传奇道士。他6岁丧父,8岁丧母,因缺衣少食而时常乞讨,"时人咸以其能神算,又知未来事,争迎食之,遂大显名于时",人称"小仙"。卓、林之交始于林兆恩第四次落第之后。嘉靖二十七年(1548),卓晚春拜访林兆恩,为林兆恩讲解"九转还丹",后者恍然大悟。二人形影不离相伴数年,常谈玄论道,时人称"卓狂林颠"。林兆恩曾劝卓晚春成家,卓晚春也不以为然。嘉靖四十年(1561)前后,卓晚春别林兆恩而去,不知所终,一说羽化于杭州净慈寺。三一教将卓晚春视作神明,配祀林兆恩,认为该教"九序心法"可能与卓晚春有关。

嘉靖三十年(1551),林兆恩在东山樵舍讲堂(今宗孔堂)开馆授徒,"道释归儒,儒归孔子",即以孔子为教学圭旨,合三教之学于儒。为表授业不为名利,也为表不偏废三教任何一家,林兆恩焚烧了自己的庠生名籍,自此以道号自称。其后,"不十年间辛遇明师",得"明师"传授"直指此心是圣"之意并"艮背""行庭"之法,令林兆恩大悟。"明师"是谁,林兆恩从未明言,但"明师"见教的"艮背""行庭"之法乃"固汝之心"的功夫落脚处,并不是发先圣前所未发,当是心学之宗旨。正是心学指明人人同此心同此理,才有"满大街皆圣人"的奇事。如此看来,林兆恩对三教之学不满,当是不满其功夫之偏颇、见解之破碎,故经"明师"点拨,见解功夫打成一片,才有大悟之说。

嘉靖三十七年(1558)起至嘉靖四十三年(1564),倭寇接连进犯福建沿海,加上瘟疫横行,莆田等地饿殍遍野,死伤无数。林兆恩偕同弟子"毁家纾难",成为林氏教团之"事工"。林兆恩倾家赈济难民,人咸赞誉,给林兆恩教团带来极大的声誉。同时,林兆恩用"艮背法"为人治病,据说"行之多验"。林兆恩之名夹杂着神话传遍八闽,"人人肖像以祀",俨然神明。

据《实录》记载,嘉靖四十三年(1564),吕洞宾显化于福州集市,以秘诀托林之门人杨质斋转达林兆恩,当时林兆恩"紫金丹温养未就",一听秘诀,恍然大悟。林兆恩又对张三丰极为推崇,不但数次意往武当山访道,还将张三丰的《玄歌》《玄谭》附于自己的著作中。《林子年谱》记载:"张三峰(张三丰)真人晦其姓名为姚文羽,来见先生具谈玄秘,有《玄歌》《玄谭》,先生悉录以付梓。"这样,吕洞宾、张三丰都与林兆恩具备了授受关系,三一教也以张三丰配祀林兆恩。

嘉靖三十年(1551)至嘉靖四十三年(1564),林兆恩在莆田一带传教。自隆庆元年(1567)起,林兆恩走出福建,到江西、江苏、浙江、广东等地,收了上至王亲显贵、下至贩夫走卒各色弟子。万历十三年(1585),林兆恩返回莆田,不再外出,两年后被门人尊为"三一教主",直至万历二十六年(1598)身故,林兆恩一直居东山传道。隆庆五年(1571)林兆恩留下《遗嘱》:"余生平不以家为家,而以天下万世,乃余之家也。余平生不以家之政为政,而群儒道释者流以各循乎三纲之大,四民之业者,乃余之家政也。"林兆恩念念不忘的,还是以己学匡扶三教之偏颇,其一生颇具使命感。

林兆恩笔耕不辍,一生著作甚多,主要有《圣学统宗》《林子圣学统宗三教归儒集》《三教分内集》《圣学统宗非非三教心圣集》《林子全集》《林子三教正宗统论》《林子会编》等,内文多论伦理纲常、性命要诀。

林兆恩究竟是一个宗教人物,还是一位民间儒学学派的宗师呢?其弟子各有表述。其弟子及堂弟林兆珂为万历二年(1574)进士,官居安庆太守,赋闲后编著《林子年谱》等书,着力将林兆恩及其学铸造成儒学正宗、心学圣统。但林兆恩指定的继承人卢文辉,二传陈衷瑜,三传董史等,都更为突出三一教的宗教性,将林兆恩刻画为无所不知、无所不能的活菩萨，三教圣人的化身，所谓"道脉相传自有真，东山乌石现麒麟。混元五百三龙会，孔老释迦合一身"。"龙华会"本是佛教弥勒信仰的一个观念，常被民间宗教利用，三一教将林兆恩视作弥勒化身，走上了彻底宗教化的道路。

九序心法

林氏之教既然叫作三一教，其根底自然立基于权衡三教之上。如前述，林氏认为三教所学所授各有欠缺，给人的印象是三一教反对传统三教之学，提倡一种复本的三教。但事实上，三一教所反对的，只是三教后学背离其道、其教的偏颇思想和做法，"非三教也者，非以非三教也，以非三教之流者也"。在林兆恩看来，儒家功夫支离，道教徒迷惑于搬弄精气，而佛教则偏空堕忘，这却不是三教本身的问题，而是三教后学误解了三教圣人的原意。三教的道是一，都是为了还复本心本性："人之性本善也，本是孔、老、释迦，本自时中，本自清净，本自寂定，而非有待于孔、老、释迦，而后能时中，而后能清净，而后能寂定，而后能孔、老、释迦也。"就是说，人的心性本来纯净无污，自净无垢，和三教圣人没有区别，在林兆恩看来，三教圣人所传的道，也不过就是发明本心，让人明白这个本自圆成、自然清净的道理罢了，因此他说："教本于道，道本于性，余于是而知能性吾之性以为性，则孔、老、释迦之道可得而道。"

林兆恩对三教之学的研判，建立在儒家思想的基础之上，将佛、道化约为德性伦理。德性伦理的基本内涵，就是以全善之德为人性的内在规范性。要还复这个德性，就需要以伦理道德作为涤炼自心的方法，在林兆恩看来，此即儒家之"立本"功夫。而道教之"入门"，佛教之"极则",都是在"本立"(修完人道)之后的功夫。因此,林兆恩在构建三一教的学理信仰时,尤为推重儒家,在三教之中又做了不同侧重:

> 今以孔氏之教所可使由者言之,始自伏羲、神农、黄帝,而尧,而舜,而禹,而汤,而文武。夫妇之别,父子之仁,君臣之义,三纲五常,无不毕具。又况精微之致尽之于《易》,政事之宜尽之于《书》,性情之正尽之于《诗》,赏罚之明尽之于《春秋》,礼乐之大尽之于《礼书》。以正朝廷,以正百官,以正万民。至于行兵治赋,亮采导河,而所谓世间法者,殆有不可得而胜纪者。不惟宏纲懿范,既极明备而足述;虽至威仪缛节,亦且昭晰而可观。故从古以来之所以治天下国家者,真有不能外于孔氏之教矣。

三一教的学理架构,以伦理纲常为主,要求其门人各安其位,做好为人处世的基本功,"先以孝弟忠信,礼义廉耻,以尽人道而已矣",而后才进行成圣成佛的修炼,也即采用道教"入门"之法配合炼性明心,最后达到三教共同追求的成圣"极则"之境。道教的"入门"法即三一教提倡的"九序心法",而三一教将之与艮卦所说的"艮其止,止其所也"相联系,建构了完整的"九序心法"修炼体系。

"九序心法"的前两步是"艮背"及"行庭",来自"明师"传授,其后的七步则是林兆恩综合三教并加上自己的理解而成,起于"艮背",终于"虚空粉碎"。

"九序心法"的基本内涵和所使用的术语等,和道教内丹修炼极

三 教外别传:明清儒道合一的民间传统 | 131

为相似。如"艮背"之"艮"为艮卦,象征不动之山,引申为人的心念怡然不动,为止念求静之意。

第二序功夫曰"周天",即根据天人同构的原理,将人体比附于天地,在人的身上寻得安炉设鼎的所在,然后以意微助气机运行,聚合五气而通任督。前两序等同于丹道修炼的筑基阶段。从其《九序摘言》的具体内容来看,第三序"通关"实际上等同于开关展窍阶段,第四序与第六序分别对应"玉液还丹"及"金液还丹",至此道教内丹修炼的命功部分就已结束。其后的三序对应性功,则表示心性不断自我超脱的过程。

"九序心法"被视作内部师徒相传的秘诀。弟子先按照一定的仪式拜入三一教,经师父多方考核,认定"立本"功夫已经完成,通过盟誓上表之后方能传授。行此功夫的最终目的是达到"极则",将身心与大宇宙合一,并从这种人身一小天地、宇宙一大天地的二重天地中超脱("粉碎")。据何善蒙的调查,三一教尚有《性命指南》等修炼文献,其步骤和要义均不出"九序心法"的内容,"九序心法"可以视作三一教独有的性命修炼方法。

三一教的传续

林兆恩仙逝后,莆田涵江人卢文辉主持教务。卢文辉(1563—1617),字廷征,道号性如,又号子觉子,人称"卢子"。卢文辉作为接班人是由林兆恩亲自指定的,为了给卢文辉添加神圣性,林兆恩特为之做了谶语。据说林兆恩为求得一位传人,斋戒七日祝祷不已,第七日早晨突然欣然喜悦:"吾传道有人矣,有卢姓者传吾道也。"但当时其门人中尚未有姓卢者。数年后,卢文辉为林姓友人前来求医，一见之下闻道大悟,"教主知其为大器,可以付大任"。

林兆恩在世时,卢文辉的继承人身份就已经确立,时人称之为"大宗"。卢文辉著有《林子本行实录》,编辑有《林子三教正宗统论》《夏午真经》《夏午真经纂要》《夏午经训》等,并且编著了很多科仪。林兆恩还有弟子林至敬、张洪都、朱逢时三人,均为门中佼佼者,著作等身,为三一教在林兆恩卒后的传播起到了非常重要的作用,这四位门人的塑像在三一教的庙堂上配祀林兆恩。

据说,卢文辉在临终时指定陈衷瑜为继承人。陈衷瑜的来历更为神奇。其父母均为林兆恩门人,二人年老无子,求祷于林兆恩,林氏令念《正宗遗书》百篇,陈母即有娠。陈衷瑜作为第三代宗师,人称"明道开教继承中三一教再传大宗师"。陈衷瑜将佛教和道教的仪轨、戒律、斋法等引入三一教,使三一教具备了完整的宗教信仰形态。

清代对民间宗教的打击力度非常大,老官斋教等均发动过反对清暴政的起义,在这种环境下,三一教发展极为缓慢,多转入地下秘密行事。据学者考证,入清之后,三一教发展出很多派别,如祖祠派(东山)、三一派等,与福建的民间信仰、民俗等结合得更为紧密,以致出现了"阳借教主之名,阴为惑人之术"的背离三一教正统信仰之徒,三一教的"生计"更为艰难。

清末民初,莆田人陈智达、梁普耀师徒继起弘扬三一教,创立"悟本派"。梁普耀继任者刘开怀,与一众信友一起改组三一教,以莆田"函三堂"为中心形成了新的三一教支派"函三派",制定规程,编造仪轨,收拾经文,并积极从事慈善事业,在民国时期推动了三一教的复兴。

清中后期,莆田等地的三一教信徒多往海外从事商业贸易活动,三一教随之传到海外。东南亚的马来西亚、新加坡、泰国、印度尼西亚等地均有三一教流传，如新加坡最大的三一教宗教场所是九鲤洞，香火鼎盛。马来西亚的三一教祠堂则更多，仅吉隆坡地区就有120座左右。在这些区域，三一教不但是华人华侨之间的精神纽带，更是海外华人与福建故土相联系的桥梁。

2 儒宗道用的槐轩之道

明中后期及清代所涌现出的儒家学派,如泰州学派、太谷学派等,多体现出一种"儒道结合"的特点。不同于正统儒学对佛、老的拒斥,民间儒学贴近世俗,其教师多游走于乡间传道授业,对僻野之间的佛、道信仰氛围感受较深,故态度更为灵活。他们将释迦与老子视作与孔、孟同等地位的圣人,且多将儒、道、佛三家思想合论,用道经(特别是《道德经》)及佛经来解儒、证儒。有些民间儒学,将道教修身炼气的方法、斋醮超荐的仪式以及一些神明信仰也吸收进来,对其进行符合儒家伦理的新改造,形成组织化的教团。清中后期成立于四川的槐轩学派,即具有典型的儒道合一特征。

槐轩学派有非常浓重的道教印痕。萧天石在《道海玄微》中对该派创始人刘沅之学评价道:"其学既直探洙泗心传,复深得玄门秘钥,融道于儒,援儒说道。复会通禅佛,并涉密乘,博学多方,虽较庞杂,然以其能障百川而东之,汇万流于一海,故最后仍归本于儒,不失孔门矩矱。以其一生行事及其等身著作之内容性质而言,则称之为道化儒家可,称之为儒化道家亦可。其内养及修持方法,则又纯用道家金丹宗手眼，而略带少分藏密色彩。故自创'刘门'以后，则又纯属道家人物。……讲学规模，以儒家为主；功夫修炼，以道家为本。不奉佛氏，亦不诋排，间举扬之以助传心，期融会三家而贯通之。"萧氏评价刘沅之学与道教的关系可谓的论。

刘 沅 生 平

槐轩学派由四川双流人刘沅（1768—1855）创立。刘沅，字止唐，一字纳如，号清阳居士，一号碧霞居士。刘沅业精于儒，出入佛、老，是清中后期四川有名的大学问家。刘沅在四川传道授业40年之久，除子刘松文、刘梖文等外，尚有刘芬、钟瑞廷、刘恒典、郑寿全等著名弟子，一时间形成了一个以刘沅思想为核心、以其子侄及弟子为传承者的独立学派，又称"刘门"。

刘沅思想深邃，其注疏多以儒学为主，涉及经学、史学、理学的部分，被后人汇编为《槐轩全书》。除传道讲学外，刘沅亦非常重视寓教于教。他根据当时民众迷信鬼神的风气，认为鬼神信仰有助于移风易俗，遂引入道教科仪创建了"法言坛"，作为其推重伦理道德的手段之一。刘沅还非常重视社会慈善，兴办义学，赈灾施药。这些因素使得槐轩学派在社会上具有广泛的影响力，加上刘沅子侄、弟子中亦不乏有为之士，确保了槐轩学派在四川的兴旺传播。

刘沅祖籍湖北麻城，先祖刘朝弼为麻城廪生，因避战乱携家躲入四川眉州。六世祖刘宇舟为武将，明廷封建义将军。至高祖刘坤时，阖家迁徙至双流县。刘坤后嗣如刘嘉珍（刘沅曾祖）、刘汉鼎（刘沅祖父）等均半农半读，重视对子侄的文化教育。刘汉鼎喜读《易经》，人品高尚，事母至孝，因此为乡人敬重。

刘沅像

刘沅父刘汝钦即刘汉鼎长子。刘汝钦十分好学，天资聪颖，16岁中童子试，其后屡次应试均得中，得入太学。乾隆时期，大小金川之乱，刘汝钦成为岳钟琪的幕僚，随军征战。刘汝钦性喜交友且乐善好施，以致时常家用不足，但他也不以为然。刘汝钦继承父学，对《易经》颇有心得。国史馆本传对刘汝钦之学归纳道：

> （刘沅）父汝钦，精易学，洞彻性理。谓河出图，洛出书，圣人则天，实天启圣人以明道化，不仅在数术也。伏羲主乾南坤北，文王主离南坎北，即先天后天之所由分。

且"连山首艮""归藏首坤""艮止坤藏"之义,即《大学》止至善、《中庸》至中和之学。文王之"缉熙敬止",成王之"基命宥密",胥不外此。

刘汝钦认为,《易经》之学是天地之间最高的学问,其中蕴含着普通人成就圣学的通路,即所谓"艮止坤藏"。槐轩之学被称作先天之学,本传此语暗示槐轩之学有根底可寻,是由刘氏家学敷述而成。虽然本传依据儒家立场将刘沅之学归源于"庭训",但学派内的史料和传述均认定刘沅有两位修道的老师——一为静一道人,一为野云老人,刘沅正是在这些老师的栽培之下才获证先天之学并修学有成。

乾隆五十年(1785),刘沅入双流县庠生,乾隆五十三年(1788)选为贡生,次年父汝钦殁,刘沅因而转作教师,传授儒学。乾隆五十七年(1792),刘沅中举人,但其后考运不佳。嘉庆元年(1796)刘沅第三次会试落榜后,心灰意冷,身体状况欠佳,遂中止举业,回乡奉母。

刘沅身体状况不佳似乎与生俱来,本传指其身体素来"羸弱"。嘉庆元年(1796),刘沅陪伴乃兄刘濖赴任翰林院庶吉士,路过陕西紫柏山留侯庙,与隐居于此的静一道人相谈甚欢。静一道人为之讲解了道家的宗旨,临别以《吕祖注道德经》相赠。刘沅惊讶于道家宗旨与儒家的互通性,此书亦赖刘沅得以印行于世。

如果说静一道人启发了刘沅对道教的关注,那么与野云老人的相遇更使刘沅全面将道家宗旨吸收进槐轩学派中来。嘉庆三年(1798),刘沅在成都彭家场集市上偶遇一位卖药老人。这位老人已经86岁,但"形容殊异"、谈吐不凡,引起了刘沅的兴趣。几经探询之下,老人示刘沅以道家养生静养之法,强调"存神养气即存心养性",并嘱咐他"大德必寿"。刘沅深为所动,后拜之为师,侍奉 8 年之久,尽得真传。这位卖药老人即野云老人。

野云老人的具体事迹不详,对其身份的猜测也仅限于学派内部的口传(传为老子)。野云老人代表着道家道教,作为一个寓意丰满、影响广大的符号,其对刘沅一生所学及槐轩学派的学术构成都有着极大的影响。

性命微言,重在伦常

刘沅的著作被门人后学辑录为《槐轩全书》,内涵十分丰富,达数百卷之多。刘沅的学问宗旨非常明确和统一,即恢复和发扬"圣人之学"。什么是"圣人之学"呢?孔、孟以来,历代的儒学家对之都各有理解,此处不表,就刘沅而言,他在《感应篇注释》中给出一个答案。由于《感应篇》是道教的著作,因此他在点明"圣人之学"时,顺道点评了三教的异同。刘沅指出:"三教虽然不同,而道则一也。何以言之?儒曰存心养性,道曰修心炼性,释曰明心见性,大旨皆求全乎天命之初,以复见本然而已。故外而尽纲常、修伦纪,内而立性命、明明德,道之正也。"这段话把刘沅的思想也即槐轩之道的宗旨清晰地表达了出来。

刘沅认为,学问的宗旨是"复见本然",所谓的"本然",在三教中都各有名称。不同于其他哲学或信仰的"天人分隔"或"天人相分",中国传统文化认为"天人合一"或"天人合德",不承认天人之间的绝对二分性。那么"天人合一"合在何处呢?三教虽然有着不同的描述,但都认为天人之合必须要合在人的性灵之上,如儒家讲"天命""仁义",都不离"率性"即作用于心性之上,道教则强调大道与人性合于"道性"之上，佛教则合于"佛性"之上。刘沅敏锐地看到三教的心性之说在本质上的趋同性，都强调启发本性之中所蕴含的光明，这是三教相同的一方面。

心性之说，根底在于帮助人修心养性。为了将心性之理说圆，除了在根本上先认定心性纯善无染，为了给"无染之性何以生出滞碍"寻得一个答案，儒学家们又将心性区分为"理""气""神""心""意""性"等诸多维度。如前所述，开出这么多维度是为了将心性之意说圆，但未免缠缚概念，使人莫衷一是。刘沅之学亦以心性之学为主，但他能将心性说得深入浅出，易于领会。如他在《俗言》一书中将心性提拈出来称作"天理良心"："在天为天理，在人为良心，天理良心人人有之，念念不离四字，大则希圣希天，小则亦全忠孝，所以读圣人书，学圣人之行，畏圣人之言，止是要全此四字，方不愧为人。"

圣贤之学的根本在一个"性"字，刘沅将圣贤之学归纳为"天理良心"四字，就使得心性之学易于把捉。刘沅所谓"天理良心"是何内涵呢？他在《子问》一文中称："仁义，即性也。"可见"天理良心"又可视作"仁义"的引申。更进一步，所谓的"天理良心"就是圣人之行、圣人之言的代表，学圣人即是学"天理良心"。因此，刘沅在将"性""天理良心"与"圣人之言行"三者相联系后，又将他的心性之学落实到具体的行为之上，使其心性之学变得可学可证。

具体而言，在前引《感应篇注释》中，刘沅实已将自家的修身养性之法和盘托出，即所谓"外而尽纲常、修伦纪，内而立性命、明明德"。此一内外功夫，内则调养心性，外则以事功来涵养之，其范围并不出儒家"内圣外王"的宗旨。儒家所说的日用伦常，并非一般人理解的带有贬义意味的"三纲五常"之类,实则指社会大众的普遍伦理、共同道德,如"温良恭俭""忠信孝悌"等,儒家认为这些伦理道德均从"仁义"引申化约而来。践行这些伦理,约束与其相反的"七情六欲",即"克己复礼"。刘沅指出"克己复礼"即"尽人合天"之途,实际上也正是槐轩功夫践行的核心所在。

由"性"下落至"伦常",是槐轩之道涵养功夫的一条线,但"内立性命"非徒有"性"而乖离于"命",刘沅在此特别强调性命的圆融,避免学者仅重视心性涵养而忽略命的调养,此中确可见道教之影响。究竟何谓"命",刘沅指出:"盖人未生以前,受气于天,成形于地,乾性坤命,纯阳纯阴者,与大造同。"也即是说,性命如乾坤的两半。更具体而言,生命主要对应于人的"精气神"及形体,由禀赋自然之气而成,命的本质是"气",而主宰气者即"神",刘沅指出:"天地以一元之气生万物,而人得其秀灵。其秀灵者何哉?理宰乎气,气以行理,理气之灵,其名曰神。"其中"理"者是由天而来之,"应然"即所谓"天理","气"即"命",也即人的整个存在由"理""气""神"三者构成。

刘沅将人的存在分为"理""气""神"三者,不能说是他的原创,先儒对此也多有论述,不过先儒多偏废一方,如朱子讲"理先气后",将气置于次要位置,也没有就气的调养开出功夫。张载虽强调"太虚即气",但形下之气能否作为本体,也是儒学历来争论的焦点。刘沅论"理气"并不偏废任何一方,专为养气开出涵养功夫,此中与其说是继承先儒,倒不如说是从道教而来,只不过扮以儒家的名目,将养气归于孟子。

在将"气"提高到与"理"同等地位之后,刘沅就转而论述养气的功夫。笼统而言,养气的关要在于"心定":"养气者,收放心于至善之地，心定静而气亦安，浩然之气自生，所谓有诸己矣。内外交积而至于充实化神，则心纯乎天，气亦无毫发之不粹，此为心不动，此为正心，古圣人皆此功也。"从刘沅此诀可以看出，他所说的"气"并不仅指口鼻之呼吸。"气"由天而来，代表着生命的形质，口鼻之呼吸固然重要，但人人皆呼吸，呼吸本身并不能构成涵养功夫，只有心定静一如，养气于自然，"气"（生命形质）自生；"气"充实之后即能养神，心定静则"气"即纯粹，"气"杂染而来的七情六欲就会自然伏住。此即通过养气又回归至养性，也即刘沅的性命一如之理。

这一套定静养身的功夫，是槐轩中密授的要理，其功夫的具体内容和关节均不对外人道，人莫知其详。刘沅说："从古圣贤，无不养气，而罕言者，以其非文字可传也。"按史料记载，人如其门求授真诀，需盟天而誓并接受戒律规条方可传授，其根底不外涵养心性、调养气质二者，理都尽见于书中，而诀独秘传，这点使之与传统儒学学派有别，更近乎道教。

事实上，刘沅的养气之说是杂糅儒道并取其精要而来，其自谓曰："儒曰穷理尽性，佛曰明心见性，道曰修真养性，存养之功，固皆不外于心性矣。"不但三教的修证核心在于心性，其具体的事功也在于践行日用伦常。不同于先儒，刘沅不废佛、道，认为释迦、老子皆圣人，其原因除了二者皆圆融心性外，也重视伦常。刘沅指出："老子不废人伦，固不待言，佛亦年十八而生子，心性伦常之外无道，则除却心性伦常，又何有圣贤、仙佛？"由此可见，刘沅从纵横三教之中，提拈出"心性""伦常"四字作为性命学说的微言要义。

不但不废老子，刘沅还专为老子进行辩诬。在《老子考辨》一文中，刘沅指出后世伪托老子而来的殒身惑世的异端邪说，都非老圣正途。先儒对这些邪说的评判虽然有凭有据,但却不应将之归于老子身上,因此"僧道可辟,佛老不可辟"。刘沅更支持《史记》及相关文献中记载的"孔子问礼于老聃"的事迹,认为"老为孔师"。老子、孔子所传之道本质并无不同,都是"心性""伦常"而已,但刘沅并不相信有主宰人性命、飞天遁地的神仙。刘沅指出:"神仙即圣贤,圣而不可知之谓神,至诚如神,非即神仙乎?"他告诫那些妄图求仙之人,学仙即学圣贤,"以圣贤外有神仙,求仙者不息也"。刘沅这种立足于现世、安顿于俗世的即世行道的精神,又使他非但不同于腐儒,又自觉与佛、道二教中的迷信和虚妄保持距离。刘沅始终把握着与佛、道二教之间的平衡关系,这也是他虽然广取道教,但并没有因此受到儒生阶层什么批评,且能入《儒林传》的原因所在。

设法言坛,儒宗道用

坛,又称法坛、道坛,是道士供奉历代宗师、举行斋醮法事、讲经说法的场所。道教中正一派擅长科仪法事,历史上传衍了四大宗坛,即龙虎山正一宗坛、阁皂山灵宝宗坛、茅山上清宗坛以及西山万寿宫的净明宗坛。根据道教的规矩,有坛则可以传经、传法、传箓。随着历史的发展,龙虎山张天师的地位不断提升,四大宗坛逐步汇聚于龙虎山,因此龙虎山一系称万法宗坛,并绵延至今。除了道教"官方"的宗坛外,地方上也出现了一些零散的为散居道士传法、传箓的道坛,刘沅在四川成立的法言坛即其中之一。

法言坛是槐轩学派中独立传承的道坛,是刘门针对济幽救阳而施行科仪、举行法事、讲经说法的场所。法言坛所依据的科本即《法言会纂》,依据现传版本的目录,可以看出,法言坛的基本格式是承继道教科仪，特别是灵宝斋醮的科文格式而来，而其信奉推重的神灵，如"城隍""酆都""十王"等，是道教和民俗共尊的神明，"雷祖""玉皇""太上"等，则纯属于道教信奉。《法言会纂》中所列举的科仪则包括了祈雨求晴、谢土赈灾等，都与普罗大众的生活息息相关，这些科仪仪式和神灵信仰都具有典型的在俗性，非常符合法言坛的道士火居在家的特点。

刘沅为什么要设立法言坛呢？很可能与当时四川浓厚的道教信仰基础有关。众所周知，四川一直是道教传播的重镇，汉时天师张道陵就在鹤鸣山传道，稍后在青城山等地流传的仙人李八百信仰、李冰父子信仰等在民间都有深厚的基础。青羊宫、老君山等都是道教的圣地。有清一代，四川还出现了以李涵虚为中心的丹道修炼团体（西派），民间信崇道教之风不绝。

不但刘沅自己深受道教静一道人和野云老人的影响，他的弟子中也不乏兼具道教信仰者，如樊道恒。樊道恒生于崇道世家，其父樊志升好道，多与僧徒羽流交往，从《参同契》入手得悟，也曾师从野云老人学道。樊道恒自述其年少时随刘沅攻举业，但身体较差，不堪学业，遂跟随陶道夫四处云游。在青城岭得遇炼师陈云峰，修真养性得验。樊道恒接触过很多科仪文本，深感这些科仪"半多鄙诞"，因此将之汇集起来进行改编。这些科仪经樊道恒、刘芬等人之手，又至刘沅，刘沅也对之进行了整理和修改，遂构成现今《法言会纂》的基本内容。

推行《法言会纂》，不只为加深道教在民间的信仰基础，更为借助斋醮科仪增强对民众的教化作用，即所谓的"借鬼神以明道"。对刘沅而言，斋醮仪式具有一定的社会性，如同戏剧一般，其内文和仪式本身都具有鲜活的礼教性质。刘沅后人、著名学问家刘咸炘在《告法言坛道士俚语》中说道:"这部科书,就是依着人情天理订正的礼谱,与那周公制的礼形迹虽然不同,那一番精意却是无二的。"在阴超阳荐的仪式中,虽然斋醮救济的对象是神灵或亡灵,实则这念词是"详详细细说与那主家听的","都是引动那主家的诚心",因此斋醮科仪将礼教转化为百姓喜闻乐见的形式,借神道而设教。

刘咸炘

设立斋醮是出于教化的目的,但刘沅无疑具有一定的鬼神信仰,他编订过《经忏集成》一书,其中有《太上删正玉皇尊经》《文昌订正南北斗经》《文昌订正土皇经》等道教经卷,只不过刘沅对其做了一些修订。

刘沅创立的槐轩之学以儒为宗,以道为用,使其思想体系具有独特性,但也使得槐轩刘门的性质有些模糊:刘门究竟是流传于蜀地的民间学派,还是具有深厚道教色彩的民间宗教?留待学者继续研究。

三 教外别传:明清儒道合一的民间传统 | 145

3　以道补儒的太谷之学

太谷学派，清朝嘉庆、道光年间由安徽池州府石埭（今安徽南陵县、繁昌县一带）人周太谷创立，流传于扬州、苏州、山东等地，旧有"大成教""崆峒教""太谷教""泰州教""黄崖教"等称呼。民国时卢冀野首次使用"太谷学派"一词，自此学界统一以"太谷学派"称之。

与三一教、槐轩教一样，太谷学派的团体骨干也以士人为主。太谷学派招收门徒，主要通过旧徒、亲属、朋友、师友等推荐，故其门人弟子多有私人关系，戚缘性很强。

太谷学派虽多谈论儒学义理、孔孟之道，但其神秘色彩浓厚，正统儒家为之侧目。周太谷的行事风格与正统儒者亦相去甚远，他常以神异示人，呼风唤雨、招蜂引蝶。据说他有"先知"之能，"炼气辟谷，通阴阳奇赅、符图罡咒、役鬼隐形"，行为颇似一个道士或术士。他传授的静养方法与道教内丹修炼之术类似。太谷学派奉"太虚大辰大天尊"为最高神，每逢年节举行类似于道教斋醮的仪式。这些特点均表明，太谷学派是道教色彩极为明显的中国民间宗教，属于学术上"大道教"的范畴。

周太谷逝世前将教权交给李光炘、张积中二人。咸丰、同治年间，李光炘在江浙一带传教，称"南宗"；张积中则在山东黄崖传教，称"北宗"。同治五年（1866），"黄崖教案"发，张积中及北宗主要门人弟子命丧黄崖；李光炘则隐入地下，在曾国藩等人的默许之下继续传教。李光炘传铎黄葆年、蒋文田。在黄、蒋二人及刘鹗等人的奔走之下，太谷学派"南北合宗"，于苏州十全街开设"归群草堂"，继续传播太谷之学，该"草堂"一直运作到1949年前后方告关闭。

李光炘（中）、黄葆年（右）、蒋文田（左一）

周太谷："上承四圣，旁通二氏"

周太谷（约1762—1832），字星垣，号崆峒子，一说太谷为其号。有《周氏遗书》存世，被门人后学尊为"圣经"。周太谷自称其学以儒

三 教外别传：明清儒道合一的民间传统 | 147

为宗,"上承四圣(羲、文、周、孔),旁通二氏(佛、老)",是儒门的正传。但不论从他一生传教、讲学的历程来看,还是从他所提倡的"圣功之学"的具体内容来看,道教的色彩都清晰可见。

囿于史料,周太谷年少时如何读书、发蒙,如何从事"举业"等经历不甚清楚。但从他遗留的著作、诗歌、书法作品来看,他对于儒家经典的理解常有创见,其诗歌风格别具,书法造诣也能归入精湛之流。这些成绩若没有"童子功"是说不过去的。但作为一个集学者与宗教家于一身的杰出人物,文献资料较为集中于他年少时追求宗教的经历。

父亲的早亡,对周太谷追求宗教有一定的促发作用。缺乏严父的管教,他的个性里带些"侠任之气",喜好四处游历,结交奇人异士。周家家道富庶,周太谷的母亲对儿子格外骄纵,"尽以国财付之,恣其所之",不遗余力支持儿子游学。周太谷在外出求访的过程中结交了不少三教九流之士,其中"一佛一道"二人,成为周太谷的老师,传给他二教之学。"一佛"是指南昌陈少华,"一道"则是指福州韩子俞。周太谷事二人甚笃。

虽然周太谷年少颖慧,喜读书,博览经史杂家,但对已经沦为赶考应试、谋官求利的官方儒学,似乎并不怎么上心,史料也没有他在年少时从事儒学或者"举业"的记载。嘉庆元年(1796),周太谷游历庐山,见到庐山上镌刻的周敦颐名句"志伊尹之志,学颜渊之学",颇受震撼,有所醒悟,开始着力于孔孟以降的儒家学说。

伊尹和颜渊,都是儒家推崇的安身立命、成己成人的典范。"志伊尹之志,学颜渊之学"出自周敦颐《通书·志学》,全文是:"圣希天,贤希圣,士希贤。伊尹、颜渊,大贤也。伊尹,耻其君不为尧、舜,一夫不得其所,若挞于市;颜渊不迁怒,不贰过,三月不违仁。

志伊尹之所志,学颜子之所学,过则圣,及则贤,不及则亦不失于令名。"

"伊尹之志"与"伊尹捉放太甲"的故事有关,这个故事在《孟子》《左传》等书中均有记载。伊尹为防国君太甲沦于暴政,将他囚于"桐宫"反省。三年之后,伊尹觉得太甲已经磨炼纯熟,将他接出"桐宫",还政太甲。伊尹囚禁国君之举并非为一己之私,而是为天下百姓谋利,故为孟子所推崇。颜回是孔子最得意的弟子,极富学问。北宋理学家们特别推崇颜回,周敦颐提出关于以颜回为学习对象的两个命题,一是"颜子之学",二是"孔颜乐处",作为理学的公案供学子参究。"学颜子之所学",即是学习颜回"不迁""不贰"的心性功夫,"三月不违仁"的大贤境界。"一箪食,一瓢饮,在陋巷,人不堪其忧,回也不改其乐……"颜回超脱于物质羁绊,徜徉于学问修养之中,这种安贫乐道的精神,即"孔颜乐处"。

若仅从字面理解,"志伊尹之志,学颜渊之学"并没有什么特别之处,但周太谷希望从心地上磨砺,借此参透心性之学。庐山会后,周太谷对如何将"伊尹之志"和"颜子之学"落在身心性命之上,思索了两年之久都了无所得,非但没能找到"圣学"的落脚之处,反倒变得恍恍惚惚,茫然若失,很多问题沉甸甸地向心头压来,难以通透。正当周太谷陷入学问涵养的困境无法自拔时,突然发生了一件被派内称为"庐山悟道"的奇事。

据《窈窕释迦室随笔》记载,经过嘉庆元年(1796)的醒悟,周太谷致力于参悟儒学。忽然一日,一僧一道飘然而至,再将其带往庐山洞中。周太谷在洞中枯坐数十日,石壁忽然裂开,露出一部《广成子遗书》,为周太谷所得,从此周太谷对"圣学"的根本了然于胸,大彻大悟。

"获书"经历是真是幻已不可考,但从此文的描述来看,更像是一个虚幻的梦境,或者是宗教家在"参禅打坐"中显露的"境界"。明孝宗、神宗时期著名的心学家颜钧亦出现过此类"境界"。颜钧按照"精神心思,凝聚融结,如猫捕鼠,如鸡覆卵"之法闭关七日,初"神思无适",其后明慧大发,获"天机先启"而成一代儒宗,闭关静修之法由是进入泰州学派的修学体系之中。

广成子是道教传说中上古的金仙之一,传其居住在崆峒山石室。道教古经典《太上老君开天经》认为广成子是太上老君的化身,并向黄帝传授过"至道"。广成子未有著作存世,葛洪于《神仙传》之中记录了"黄帝问道于广成子"的故事,其中提到了广成子传授的"至道":"至道之情,杳杳冥冥。无视无听,抱神心以静。形将自正,心净心清。无劳尔形,无摇尔精,乃可长生。慎内闭外,多知为败。我守其一,以处其和。"

广成子"至道"的要点是"慎内闭外",所谓的"慎内"即"无视无听,抱神心以静。形将自正,心净心清",而"闭外"则是指"无劳尔形,无摇尔精",其中还有"收视反听"之功夫。周太谷的修炼之道与此相通,他指出:"目斯睿睿畜五脏之精而为瞳,耳斯呦呦吸五脏之气而为聪,精气一而为神,神也者,妙百体而为言者也,寂之不动,感而遂通百脉之故。""日斯阳阳畜天光而视,月斯朔朔吸地德而闻,光德合而为辰,辰也者,妙万象而为言者也,居之不动,感而遂通万胳之故。"这是太谷学派提倡的"寂"和"居"的功夫,"收视反听"以合天德。此外,周太谷还提出七情六欲与五脏相通,调养身心要"一心清静,寡欲少贪",这些说法与广成子所说的"慎内闭外"暗合,应非偶然。

周太谷"庐山悟道"之后,开始在江淮之间传授"圣学"。他力辟朱、王之失，认为自己直承"羲皇、文王、周公、孔子"，援佛、道以入儒，是朱子、阳明之外别开的"崆峒"道统。但他又将道教的符咒、法术纳入其学之中，常以道教术士的形象云人。《皖志列传》记载："士大夫传者，以为谷能炼气辟谷，通阴阳奇赅、符图罡咒、役鬼隐形。又教人取精玄牝，为容成秘戏。"其子亦从其学习道教的"南宫法"。

《窈窕释迦室随笔》对周太谷所传之教的神异也有一段记载：

> 其教有所谓明眼人者，每年春间祭神，则神必降一人，或村夫，或童子，闭目娓娓数百言，悉协韵语。其言若解若不可解，而一年之事往往应验。其祭祀，明眼人主之。故同教者数百人，惟明眼人之命是听。亦颇用符箓等事。其教中人言，入教者虽盛暑死，三五日而尸不腐，亦不僵硬，故信从者众。每年必有大祭一二次。将祭则服药，使大泄泻，言涤脏腑乃可礼神云。

"明眼人"，大抵是民间乩童或通灵之流。这条史料描述的祭祀情形，没有什么儒家色彩，倒像是在进行道教斋醮。

太谷学派行事如此诡秘，不能不受人侧目。特别在有清一代，清王朝对民间宗教控制打压之严格，太谷学派不可能不被官府留意。果然，嘉庆十九年（1814）前后，两江总督百龄将周太谷缉拿下狱。后来周太谷竟然在狱卒的协助下成功越狱，隐在扬州，待百龄死后，他"再次出山"。能从死狱之中逃脱，可见周太谷确有些"能耐"，但越狱的具体情况周太谷日后并未提及，我们也就无从知晓了。

三 教外别传：明清儒道合一的民间传统

李光炘："还我太上家风还姓李"

周太谷以伦理道德涵养、"内圣外王"的儒家事功为主干，杂糅佛、道之学，并以自己发挥的《周易》义理一以贯之，建构了一套性命双修的"圣功"之学来达至天人合一。前来问学的文人士子往往能在周太谷一言半句的指点之下心悦诚服，可见他这套"六经注我"式的义理颇能吸引人。周太谷在扬州传教十年，收了一大批知识分子为徒，其中李光炘、张积中为第二代传铎之人。

李光炘（1808—1885），江苏仪征人，又名炘，字晴峰，号平山、群玉山人、甘草山人，晚年号龙川老人。周太谷死后，太谷学派分成南北二宗，张积中领衔"北宗"，前往山东传教；李光炘则经营江苏、安徽等江南区域，传"南宗"。李光炘极受太谷二传、三传弟子爱戴，被门人后学尊称"龙川夫子"。李光炘传道近半个世纪，有《李氏遗书》及门人弟子记录的语录、年谱等存世。

李光炘家族是仪征有名的富户，其祖李淮阳颇善经营，明末清初由徽州逃难至仪征，不出几年就以富裕闻名乡里，有"李百万"之称。李光炘父亲李丹崖，秉承祖业，经营很多商铺，跨多种行业。李光炘出世时，其家族正如日中天，颇具经济实力。大概是由于李家专心经营，未有全力顾及科举，因此李光炘的父祖族人，多为监生、庠生，属于较低阶层的士人，家中亦无人高中科举，仕途也不佳。

也正因为如此，李家非常注重教育。李光炘祖父李纯、父亲李丹崖均有文名，李父在李光炘兄弟三人年幼时就请先生为之开蒙，入私塾读书。李光炘在私塾中未显露什么过人的读书天赋，反倒显得天资鲁钝，词句都无法通读。大概因为读书向学的压力，使得李光炘原本就不甚强健的身体不堪重负，12岁的李光炘身染重病，药石罔效，家人一度认为已经回天乏术。痦寐之间，病重的李光炘在恍惚中经历了一场幻觉，李光炘门人谢逢源对此事有所记载，记录于《龙川夫子年谱》之中：

> 师幼寡言笑，七岁入塾，不能成诵。是年病几殆，恍惚中遇一道人，提挈之，并坐鹤背，乘风飞跃大海，下视骇然，茫无边际，心大恐惧，瞬息至一山庄。道人曰："至矣。"遂推师堕地，目为之眩，瞥见古槐树一株，乃知家园之后门也。正徘徊间，闻门内哭声甚哀，骇而入，则身在病榻，如梦初觉。家人曰："死半日矣。"自是心神朗豁，六经、子、史过目成诵。

谢逢源记载，病中的李光炘恍惚之间看到一个道人将之提到空中，两人坐在一只白鹤之上翱翔天际。幻觉非常逼真，以至于李光炘从白鹤俯视惊涛拍岸、漫无边际的大海时感到非常骇然。白鹤携两人飞至一处宅邸，道人将李光炘推下，李光炘认出飘落之处竟是自宅，还听见屋里传出哀恸之声。此时李光炘从幻觉中回神，发现自己依然身在病榻，家人见他苏醒，甚为喜悦，原来他已经昏死半日。这道人是谁？此一事件蕴意为何？谢逢源未有进一步的记述，李光炘也未就之发表什么看法，但自幻觉之后，李光炘竟然逐步康复，而且学业精进，与之前判若两人，真有脱胎换骨之感。

李光炘与张积中同邑，道光七年（1827），李光炘娶张积中从妹为妻，李、张两家成为姻亲。张积中颇爱寻访异人，他听说周太谷怀有秘术，非常好奇，约李光炘一起前往拜会周太谷，时在道光十一年

(1831)。经过三昼夜的辩难,李、张二人为周太谷折服,遂拜师门下。二人三日未归,李丹崖往扬州寻子,亦为周太谷折服,执弟子礼。第二年,李氏一族不少人都加入了太谷学派。

周太谷此时业已走近人生尽头,他原有意令汪全泰继承衣钵,李、张二人拜师后,周太谷改变主意,传道于李、张。是什么原因令周太谷改变了传铎的人选,囿于史料,暂无定论。周太谷于道光十二年(1832)传铎于李光炘及张积中,随即令张积中北上传教,李光炘则随侍,待在仪征。是年周太谷重病,唤人召李光炘:"仪征去扬七十里,晴峰居仪征,谷病,使召光炘,曰:'必斯人至,我乃死。'光炘至,侍汤药百日而谷殂。由是谷之道,一传于光炘。"

虽然得周太谷"圣功"之传,但李光炘毕竟随周太谷时间尚短,对所学并不能豁然贯通,未达"开悟"之境。为贯通学问,他虚心向太谷学派的早入门者求教,并且数度与张积中一起前往庐山隐修。隐居庐山期间,他渴饮涧泉,倦坐松石,睡卧虎穴,经过十多年的努力,终于在道光二十八年(1848)获得"证悟"。他写了一篇赋描述此时的心得:

> 云起于山之巅,水落于山之曲。
> 听水看山日不足,而今弹指赋归兴,识得庐山真面目。
> 尼父登山东望鲁,吴门匹练同谁语。
> 濂溪有意说分明,孔颜乐处凭人取。
> 早岁乘槎渡若耶,至今游子未还家。
> 天风散入瑶池会,吹落青莲一瓣花。

赋中"庐山真面目",套用禅宗中的"本来面目",指的是人人本有的清净自性。在太谷学派看来，这一自性，也就是孔子所达的"随心所欲"的境界。但若从赋中意蕴来看，似乎还有所着落，未达通透。另一首《客舟听雨烧烛命笔》中，李光炘的境界已臻达高境，明显连"最后一着"也不再执着：

> 白沙江上青峰客，往来人间四十年。
> 诗句惊破大海波，芒鞋踏破庐山石。
> 忽然大笑五云起，始知户内有真气。
> 这回更不向黄鹤楼中弄笔头，
> 这回更不向岳阳楼上掀杯底。
> 长跪玉皇前，拜倒崆峒地。
> 下界尘氛一扫清，还我太上家风还姓李。

值得注意的是，李光炘的"悟道诗"中出现了如"芒鞋""五云""真气""玉皇""太上"等道教词汇，特别是最后一句"还我太上家风还姓李"，"太上"暗指"太上老君"李耳，李光炘的道教情结不可谓不重。

笔者认为，李光炘的道教色彩，与周太谷不无干系，也与他自己的兴趣、背景有关。首先，周太谷的学说本来就以"三教平心"为特色，强调儒、道、佛在根本上的一致性，认为三者仅在接引后学的方式和次第上有所不同。周太谷举行的宗教仪式，以及他平时运用的科仪和道法，都是从道教脱化而来的。其次，李光炘好读道书，幼年生病的经历，也使他好与方外人（僧道）相交，必然不排斥道教之学。再次，臻达"化境"之后，他对道教信手拈来，毫无滞碍，已经将道教化为己用。他还曾建议门人弟子诵念玉皇圣号以求消灾免难。大概是因为他的道教色彩太过于明显,门人弟子有时会疑惑其学与道教的区别,也有人特意转送他道教的内丹修炼经书,虽然他声言"此与吾道不同",但他拜玉皇、诵圣号,与道教的关系恐怕难以撇清。

张积中:"老氏之修自诚意始"

张积中(1805—1866),江苏仪征人,字石琴,号两溪,又号白石山人,周太谷赠道号子中。张积中与李光炘有姻亲,家境富裕,勤奋好学,立志科举,但屡试不中。与周太谷一样,张积中幼年也有"侠任之风",而且好神仙之说,无书不读。道光十一年(1831),他与李光炘在扬州拜会周太谷,一见之下颇为仰慕,遂拜师入门。周太谷似乎对张、李二人也颇为留意,有栽培之心。

周太谷为何会对张积中与李光炘特别留意,至今尚无定论。笔者认为,可能和周太谷所学甚杂、不专擅儒学,而是援佛入儒、以道补儒有关。周太谷的这种学问架构,必然会对能"会通三教"的学子特别留意,而张积中与李光炘的受业背景符合他的期许。太谷学派传说,未见到张、李二人之前,周太谷曾多次说过:"吾俟仪征人来矣,即传道矣。"张、李二人均是仪征人。当然周太谷的这种"预知"可能只是张、李二人对其教权合法性的一种神化渲染。张积中见到周太谷后也并未即刻入门,而是与李光炘一起同周太谷激辩了三昼夜,才为之折服。

道光十二年(1832),张积中与李光炘再次来会周太谷,此次周太谷将太谷学派不传之秘及掌门之位传给二人。据谢逢源记载,周太谷与二人同在观音寺谈笑数日,之后忽然有一天,周太谷专门为二人举行了一个传铎仪式,还将太谷学派的三件信物一并传授:第一件是历代圣像十八尊,含道祖(老子)乘鳌上升像;第二件是手书唐太宗求贤诏卷;第三件是空白黏红笺。

传铎给二人后,周太谷怕门人弟子不服,不断神化张、李二人,暗示二人"天爵甚高",其他弟子无法与之相比。周太谷对重要的门人余子音说:"汝以渠等少年初学?不知皆我大弟子也。汝虽年高日久,实吾门之小沙弥耳。"此外,在一次土德会后,周太谷与张积中、李光炘遇到两位僧道,自称了清、了谷。僧道要求张、李二人离开周太谷从他们云游,被二人以师事唯太谷之语拒绝。周太谷告诉门人弟子,两位僧道分别是济公和吕洞宾,以此来神化张、李二人。

张积中和李光炘二人虽然从周太谷处得到了"目诚之学"的传授,但二人师从周太谷时间很短,很难说全面继承了周太谷的学说。为深入理解,张积中三上庐山,探寻周太谷在庐山的活动旧址。张积中还大量阅读儒、道经典,其中儒家经典有《孟子》《近思录》等,而道教经典有《参同契》《道藏大全》《仙灵宝箓》《云霄指掌》等,并且"益修仙术,风角占候旸颇验"。张积中对《参同契》颇有领悟,他写了一首诗赞颂《参同契》:"不惜莲花到处缺,为他花里见如来。世人若识《参同契》,管取莲花顷刻开。"他还探访扬州擅长"三五一之旨"的朱老人,向其求学,"三五一"是《参同契》中的修炼火候。张积中也擅长符箓、占卜,在黄崖设立道坛,亲自主持祭祀活动,从者甚众。张积中从周太谷学"目诚"功夫,感悟老子道教所传也不离开"诚"字,"老氏之修自诚意始",他以"诚"为核心将两家的功夫修养之法融会相通。

张积中的学说近似道教,组织形态类似于清廷严厉打击的民间宗教。他在山东传教时,占据黄崖寨以自守,行事神秘,并拥有一定的军事能力,令自恃为儒学正统的清流中坚山东巡抚阎敬铭颇为忌惮。

几番交涉未果之下，阎敬铭擅动军队剿灭黄崖寨，寨内太谷学派门人弟子死伤殆尽。张积中与阎敬铭的是非功过，只待后人评说。

"圣功"之学

"圣功"是周太谷之学所强调的重点，谢逢源对"圣功"的来历及其与佛、道二教的关系做过总结，从行文来看，似乎此语出自李光炘：

> 佛、道两教代有传入。包羲时如黄、农，孔子时如老、彭。秦汉而后诸儒世出，而佛、仙之名始著。五子运会中则有吕、济二祖以相左右。国朝如玉林国师、章嘉国师，二虎王、狗皮张、白马李、双丫杨爷。或供养于内庭，或遨游于都市，更有长春真人之龙门派，莲池大师之念佛门，均足以辅翼圣功，启佑后学。嘉、道间，陈、韩两先生出，太谷兼其所学，而圣功以昌。圣功或数百年而一开，或数十年而一开。开则二氏晦。理学家以异端目之，不知二氏，并不知圣功也。后之学者如学太谷，不知陈、韩，其孰知太谷？（《龙川夫子年谱》）

此文先考察了从包羲以降的佛、道两家，认为两家传承未绝，代有圣贤出世。道教之龙门派，佛教之念佛宗，"足以辅翼圣功，启佑后学"，但"圣功"之学自周太谷出，方显扬于世，而且若无佛、道，亦无太谷"圣功"之学。此文一方面强调了佛、道之学是"圣功"的基础，而且"圣功"是由二者孕育出的；另一方面也否定了汉儒和宋明理学。理学家认为佛、道二家是异端，是"不知二氏，并不知圣功也"。

"圣功"源自《周易·蒙卦》："蒙以养正，圣功也。""蒙"是万事万物将发未发的状态，"物发必蒙"，"蒙者，蒙也，物之稚也"。这里的"稚"不是带有贬义的"幼稚"，而是万事万物懵懵懂懂、至纯至圆的性境。这一性境，虽然处于未发的状态，但就像种子已经具备了长成大树的所有内在条件，"蒙"这一性境，也已本然地含有展开圣贤事功的各项德能。周太谷将之称为"性"。

"天之赋我曰命，父母赋我曰身，合德曰性。合德者，艮也。其分道者，则兑也。"一生的胜劣境遇是上天赋予的，是"命"；血肉之躯是父母赋予的，叫作"身"。"性"蕴藏于"命"与"身"之中，不可脱离二者，但"性"有着自身的规范性，即"合德"。"合德曰性"，是说"性"的规范性是合乎天地运作之规范，即"德"。"德"的具体内容，即"艮"和"兑"。

周太谷为何以"艮"和"兑"作为"德"的内涵，或者"合德"的方式呢？这还要回到《易经》本身来理解。兑上艮下为咸卦，"象曰：山上有泽，咸。君子以虚受人"，说的是君子虚怀若谷。艮上兑下是损卦，"象曰：山下有泽，损。君子以惩忿窒欲"，说的是水浸蚀山脚，象征着君子以小损为戒，克欲自持以合德。这两卦可以分别象征"内圣外王"的德行。

如果从"蒙"象征着懵懵懂懂的纯真本性来讲，佛、道二氏可以"启佑后学"就不难理解了，因为不论佛还是道，均认为人性的本质是至纯至真、清静无染的，与周太谷所理解的"蒙"暗合。但周太谷之学，其特殊性并不在于"蒙"或者"合德曰性"，而在于"分道曰情"。他特别推崇"情"，认为《易经》中说的"龙战于野，其血玄黄"是欲和理的象。"龙犹欲也,野犹理也","乾坤毁裂而后见闻生,理欲攻战而后性情出","乾"和"坤"从混沌之中分离,下落为"见(目)"和"闻(耳)"二官。"开物开于性也,成务成于情也",万事万物具备于"性","性"的萌动可以"开物","情"是"性"之所感,可以顺天合德来成全事务。"情"是周太谷学说的重点,因此他说:"我太谷之发言释义也,备于此。"

所谓"圣功",就是通过至纯至真的性,感而勃发来"养正","养正"就是修养"诚"。具体的方法,周太谷取《易经》中的"耳目聪明之谓圣,圣而不可知之谓神",及《论语》中的"非礼勿视,非礼勿听"等,要求门人弟子从"目"和"耳"入手来修养"诚"。有意识地修养"诚",即太谷学派神秘的"强诚之学"。

李光炘和张积中师承周太谷的时间很短,周太谷传二人简洁的"目诚"之法,要二人从眼目契入。张积中得到传授之后,大量阅读佛、道、儒三家经典,可能是想佐证师传。他特别重视魏伯阳《参同契》,是书尝试通过一套数字模型来表达《易经》的义理和天道运转的模式,并且将这套运转模式融会到身体的修炼之中,通过每个卦序来转化自身以至修炼成仙。因此张积中可能是通过观卦来修炼"目诚"。李光炘的方法或有所不同。他几次闭关庐山,留下的诗句大多是将修炼感悟与山水风景结合起来,"寓意于景",笔者猜想,他所修的"目诚"之法可能是与看山观云有关。

"目诚"之法,从人的眼目入手,实际上体现了道教内丹修炼的"机在目"关节。道教内丹修炼以入静作为修炼的先机,修炼内丹必须要先能入静,入静必须要制服双目,即《阴符经》所说的"机在目"。修炼内丹者要收敛目光,凝神听息,缄默语言,身心安泰,才能迅速达到入静的状态。张伯端在《青华秘文》中进一步指出,"机在目"即是"目不乱视,神返于心。神返于心,乃静之本"。

但"目诚"与"机在目"的主要区别,在于前者是运用眼目之神去观,而后者则更强调收敛眼目之光。如果说"目诚"之法可能仅与道教有着学理上的关联,并不能确定其来源于道教,那么李光炘掌教期间所推行的"心息相依",和道教的关系则一目了然。李光炘在掌教之后,较少提倡从视、听、言、动来修炼"强诚",反而提拈出新的修炼理路,他再次融会佛、道二教,明确提出"心息相依,转识成智"的修学口号。

李光炘的传铎弟子蒋文田说:

> 先师拈出"心息相依,转识成智"八字,实为彻上彻下之道。苟能从心悟入,从身发挥,则《大学》之格物,《中庸》之率性,《论语》之依仁,《孟子》之集义,皆可一以贯之;宋儒之主敬存诚,不外乎此;明儒之致良知,亦不外乎此。

《观海山房追随录》记载了李光炘论述"心息相依"的一段话,从中可以看出他对于"心息相依"的重视程度:

> 千古圣贤心传,尧舜精一,孔子立达,颜子博约,曾子格致,子思诚明,孟子仁义,周子无极而太极,程子曰圣人教人只此二事而已。语虽不同,究其要,无非心息相依之理。

除了把"心息相依"作为圣贤一贯之道,以之涵盖儒、释、道三教修行，李光炘还毫不掩饰地指出"心息相依"与道教的直接关联性：

> 一息为铅，以心为汞，以相依为既济。始也，勿忘勿助；终也，若存若亡；上士之丹备矣。（《观海山房追随录》）

北宋陈抟的《指玄篇》指出，修道的根本在于"守中抱一，心息相依"。元代李道纯的《中和集》也提出"气神和合生灵质，心息相依结圣胎，透得里头消息子，三关九窍一齐开"，修道者通过心息相依静到极处，玄关开启进入先天。心代表"元神"，息代表"元气"，心息相依即是"神气相合"，这是道教内丹修炼的核心。以息为"铅"、以心为"汞"的"龙虎既济"之法，大量丹经道书都有所论及，是道教的结丹之旨，李光炘可谓一语中的。

李光炘为何为太谷学派的"强诚"修炼增加了新的元素呢？可能与"强诚"操作比较困难，观象之法较难契入，"耳诚"之法又较易出现幻听有关。李光炘的另一位传铎弟子黄葆年以"见性"为究竟，以"心息相依"作为契入之法，论曰："心息相依为下学，言渐也。自心皈依自性，为见性者，言顿悟也。盖凡人未见性，欲心依性无从下手，唯从心息相依入手，久之见性，然后得自心皈依自性矣。"暗示其师李光炘的用意是把"心息相依"作为"圣功"的入手法门。

太谷学派发展至第三代掌门黄葆年、蒋文田带领下的"归群草堂"时期，少言"强诚"，多言"心息相依"。黄葆年也经常晓谕门人弟子："《金华》千言万语不出心息相依、回光守中。"说明直到第三代，太谷学派的传人还在积极引入道教元素。周太谷"圣功"的

老子像

内容，从"目诚""耳诚"至"心息相依"，发生了根本性的转变。这一转变，固然与"强诚"方法太难，太谷学派不得不以"心息相依"作为其基础有关，实质上也可以得出太谷学派持续受到道教影响的结论。

小知识：道家与道教

一般认为，道家指的是围绕着《老子》而成的哲学流派，在春秋战国时期，以老子、庄子为代表，有"黄老""老庄"等学派的区别。道教指的是将"黄老"与神仙、阴阳、方术等杂糅，崇拜老子为神仙的宗教。道教以先秦道家思想主要是老庄思想为母体，由《易经》衍生出修炼模式，以追求长生不死为目标，在长期的历史进程中，又吸收了谶纬、阴阳五行、墨家及儒家的学说，在与佛教的互动中又吸收了很多佛教的元素，逐步建立和完善了理论体系。

值得注意的是，在早期的典籍中多见"道家"的称呼，较少见到"道教"这一词汇，不论作为诸子百家之一的道家还是信仰神仙的道教，均自称"道家"。汉代的《老子想尔注》首提"道教"一词，所谓"真道藏，邪文出，世间常伪技称道教"，指的是"大道之教"。古人将"道家"与"道教"视作一体还是区别对待，学界存有争议。